和谐校园文化建设读本

论巴西教育

潘国庆/编著

吉林教育出版社

图书在版编目(CIP)数据

论巴西教育 / 潘国庆编著. —长春：吉林教育出
版社，2012.6（2023.2重印）
（和谐校园文化建设读本）
ISBN 978－7－5383－8978－4

Ⅰ．①论… Ⅱ．①潘… Ⅲ．①教育事业—研究—巴西
Ⅳ.①G577.7

中国版本图书馆 CIP 数据核字（2012）第 116091 号

论巴西教育
LUN BAXI JIAOYU

潘国庆　编著

策划编辑	刘 军　　潘宏竹		
责任编辑	刘桂琴	**装帧设计**	王洪义
出版	吉林教育出版社(长春市同志街 1991 号　邮编 130021)		
发行	吉林教育出版社		
印刷	北京一鑫印务有限责任公司		
开本	710 毫米×1000 毫米　1/16	**印张** 13　**字数** 165千字	
版次	2012 年 6 月第 1 版	**印次** 2023 年 2 月第 3 次印刷	
书号	ISBN 978－7－5383－8978－4		
定价	39.80 元		

吉教图书　　版权所有　　盗版必究

编 委 会

总 序

千秋基业，教育为本；源浚流畅，本固枝荣。

什么是校园文化？所谓"文化"是人类所创造的精神财富的总和，如文学、艺术、教育、科学等。而"校园文化"是人类所创造的一切精神财富在校园中的集中体现。"和谐校园文化建设"，贵在和谐，重在建设。

建设和谐的校园文化，就是要改变僵化死板的教学模式，要引导学生走出教室，走进自然，了解社会，感悟人生，逐步读懂人生、自然、社会这三本大书。

深化教育改革，加快教育发展，构建和谐校园文化，"路漫漫其修远兮"，奋斗正未有穷期。和谐校园文化建设的研究课题重大，意义重要，内涵丰富，是教育工作的一个永恒主题。和谐校园文化建设的实施方向正确，重点突出，是教育思想的根本转变和教育运行机制的全面更新。

我们出版的这套《和谐校园文化建设读本》，既有理论上的阐释，又有实践中的总结；既有学科领域的有益探索，又有教学管理方面的经验提炼；既有声情并茂的童年感悟；又有惟妙惟肖的机智幽默；既有古代哲人的至理名言，又有现代大师的谆谆教诲；既有自然科学各个领域的有趣知识；又有社会科学各个方面的启迪与感悟。笔触所及，涵盖了家庭教育、学校教育和社会教育的各个侧面以及教育教学工作的各个环节，全书立意深邃，观念新异，内容翔实，切合实际。

我们深信：广大中小学师生经过不平凡的奋斗历程，必将沐浴着时代的春风，吸吮着改革的甘露，认真地总结过去，正确地审视现在，科学地规划未来，以崭新的姿态向和谐校园文化建设的更高目标迈进。

让和谐校园文化之花灿然怒放！

本书编委会

❧目 录❧

第一部分　巴西殖民地时期的教育
（1500—1822）

第一节　耶稣会控制下的教育

1500 年 3 月，葡萄牙航海家卡布拉尔（P.A.Cabral）率领了一支包括十三艘小帆船的舰队，在绕道好望角去印度的途中，被大风吹到了南美洲的巴西海岸。4 月 22 日，他在巴西巴伊亚（Bahia）的塞古罗港（Porto Seguro）登陆，竖立了一个刻有葡萄牙王室徽章的十字架，表示这块新发现的地区已属葡萄牙王室。这以后，葡萄牙王室又多次派遣远征队去开发这块新土地，从而建立了葡萄牙在巴西的殖民地。

虽然葡萄牙人在 1500 年就来到了巴西，但真正对巴西的殖民统治还是在 1532 年以后。与西班牙殖民者相比，葡萄牙人一开始对巴西的殖民是漫不经心的，这主要是因为葡萄牙人的精力过多地用在经营其在非洲和东方的属地上了。由于法国和西班牙对巴西的兴趣日益增大，觊觎这块大陆，直接威胁到了葡萄牙的领地，于是葡萄牙国王若奥三世于 1532 年 1 月派遣了殖民队伍来到巴西，在巴西建立了第一个永久性的殖民点。此后，葡萄牙人开始在巴西逐渐深入扩展，确定了葡萄牙殖民地与西班牙殖民地之间的事实上的分界线，从而奠定了葡萄牙在巴西殖民统治的基础。

葡萄牙对巴西采取的殖民统治政策，基本上同西班牙对其美洲殖民地的政策是相似的，然而在对巴西发展的具体政策上也有许多不同的地方。

由于葡萄牙王室本身力量较弱,无法对巴西这一庞大的殖民地实行严密控制,起初只是听凭巴西各地的开拓者自选头领,各行其是。后来,葡萄牙王室将巴西分为13个督辖区,每一个督辖区都由王室任命其亲信大贵族来进行统治,并将督辖区的领土授予这些贵族,作为其世袭领地。于是,这些被称为"领主"的贵族掌握了辖区内政治、经济、军事、司法等几乎无限度的广泛权力。

在殖民时期,巴西一开始就盛行大土地制度。葡萄牙殖民者在巴西建立了很多大庄园和大种植园。有的种植园的面积甚至比整个葡萄牙的面积还大。这种种植园制体现了一整套社会、经济和政治制度。种植园主在园内享有至高无上的权力。

在葡萄牙殖民时期,巴西的这种社会制度是葡萄牙殖民主义者将封建制度带到殖民地与殖民地种植园经济基础上产生的奴隶制紧密交织在一起的一种混合体。在这种制度下,总督和军官维护葡萄牙王室的利益;主教、教士和宗教裁判所维护教会的利益;地方委员会则使种植园主和大庄园主的权利得到保障。在这种制度下,惟独印第安人、黑人受到奴役和剥削。

在整个殖民时期,巴西就是被这样一小撮富有而跋扈的大封建贵族领主和大种植园主严密控制的,葡萄牙王室,甚至巴西总督,也对他们无能为力。因此,巴西的一位学者说:"巴西实际上不是被葡萄牙统治的国王,也不是被巴西总督统治的,而是被各城市的市政议会、被各地区的统领(capitāo mōr)、被大家族首领所统治的。"[1]

1549年,葡萄牙王室在巴西建立了总督辖区,设立总督,在巴西实行中央集权的统治方式。与此同时,对巴西社会,特别是文化和教育产生巨大影响的葡萄牙天主教耶稣会传教士开始出现在巴西。

---

[1] 李春辉著:《拉丁美洲史稿》(上册),商务印书馆,1983年版,第139页。

1551 年，罗马教皇颁给葡萄牙国王一项谕令，允许他和他的继承者掌握巴西教会的最高权力。这样，通过葡萄牙王室的力量，使天主教在巴西居于统治地位。

1552 年，在巴西巴伊亚，天主教建立了第一个主教区，随后逐渐发展其势力。在整个殖民时期，巴西成为天主教的天下。

与西班牙殖民地相比，巴西的天主教具有一些不同之处。巴西的天主教缺乏宗主国的支持；教会主要由大地主、官僚集团支配；教会没有很多土地和财产；教会在巴西的社会地位、控制、作用、影响不如西班牙殖民地那样大；耶稣会传教士在巴西特别活跃，影响极大。

耶稣会一来到新大陆就迅速建立了许多传教区，开始对殖民地进行宗教传播和教育。在殖民初期，殖民当局忙于领土扩张、种植园的生产和猎捕印第安人为奴。耶稣会传教士反对葡萄牙捕奴队，不主张灭绝印第安人，这是因为一方面是执行教皇的训谕"印第安人是能够领悟基督教义的'真正的人'"[1]；另一方面也是为了耶稣会自己的利益。当时，葡萄牙殖民地教会没有资格征收什一税，而是由国王以耶稣会的名义来征收的。

耶稣会传教士主要是在葡萄牙捕奴队尚未到达的那些印第安人部落中竭力扩大自己的影响。他们在这些部落中居住，学习印第安人的语言，他们不断用基督教义和仪式来使印第安人了解和学习基督教。随后，传教士将改宗的印第安人组织起来，建立了教会的领地，与外界隔离开来。在教会的领地里，建立了严厉的制度，传教士对印第安人的劳动和宗教学习都有较严格的规定。

与此同时，耶稣会一来到殖民地巴西，就着手建立教会学校。耶稣会于 1549 年在巴西巴伊亚的圣萨尔瓦多（S. Salvador）和圣维塞特（S. Vicente）建立了学校。[2] 耶稣会传教士成为巴西的首批教师。之后，耶稣

---

① 前苏联科学院历史研究所编著：《巴西史纲》，前苏联社会经济图书出版社，1962 年版，第 29 页。

② Foster Watson ed.，The Educational System of Brazil，Encyclopedia and Dictionary of Education，Akashdeep Publishing House，1993，P.210.

会传教士逐渐向巴西内地扩展,直至完全垄断了巴西的教育达200年之久。

耶稣会的活动和强大影响,对殖民地的文化和教育产生了巨大作用。在葡萄牙人还未来到这块新大陆之前,巴西主要的土著印第安人是属于阿拉瓦克、图皮和瓜拉尼部落。尽管这些印第安部落的文化远不能与拉美印第安三大文化——玛雅、阿兹台克、印加文化相比,但是他们以其辛勤的劳动栽培了多种粮食作物、建造了房屋和独木舟,并会编织篮筐和纺纱织布。此外,巴西的印第安人也有自己的宗教。葡萄牙人的殖民,一方面破坏了印第安人的文化,另一方面也带来了一种新的文化,并与原始文化交融,产生一种与众不同的混合文化。此外,耶稣会传教士在传教过程中,也对印第安人的文化进行研究并对印第安人的生活习惯进行广博记载,这也为研究和保持印第安人的文化起到了一定的作用。

在教育方面,耶稣会主要是通过以下三种方式来实施教育、扩大其影响的:

1. 建立教堂。耶稣会每到一个地方,首先建立教堂,宣传教义,并将教堂当作课堂。他们运用多种手段,吸引印第安人到教堂来接受他们的宗教教育。

2. 为上层阶层的子女建立学校。在圣保罗,神父马诺埃尔·诺布雷加建立了一所称作"科莱希奥"(Colégio)的耶稣会学校,并由若泽·安希埃塔神父主持该校工作。该学校主要招收葡萄牙人的子女以及葡萄牙与印第安人混血种人的子女。

3. 为印第安人创办学校。随着耶稣会影响的不断扩大,耶稣会的传教士不断向内地扩展。这些传教士为了他们的信仰进行传教,只身跋涉到巴西内地,深入到印第安人部落,与印第安人生活在一起,也学会了当地的印第安人的语言。与此同时,他们也把葡萄牙语、基督教教义和仪式等传授给当地的印第安人,争取到了众多的改宗的印第安人信徒。许多印第安人的村落均已纳入到耶稣会的势力范围,使许多印第安人开始基督教化了。在这期间,耶稣会安希埃塔神父也为印第安人创办了学校,主要教印第安人最简单的识字和算术,同时,也用印第安语来宣讲基督教教义。

在葡萄牙殖民时期,尽管耶稣会传教士为了传教的目的,建立了一些学校,但在文化教育方面,总的来说巴西比西班牙殖民地要落后,不但印——黑混血种人几乎全是文盲,大多数白种人也缺乏知识。除了教会中心和大城镇外,很少见到学校。在整个殖民统治时期,巴西没有一所大学。有钱人要受高等教育,只有去葡萄牙或欧洲其他国家。就连巴西总督拉弗拉迪奥(Lavradio)也承认:"我的臣民缺乏教育,放荡不羁。"[①]

第二节　世俗教育的兴起

由于教会势力的日益扩大,逐渐威胁到葡萄牙王室,葡萄牙王国首相庞巴尔(pombal)领导进行了一系列的改革,沉重打击了贵族与教会。庞巴尔的改革也直接影响到当时葡萄牙殖民地巴西。

当时,耶稣会在巴西已拥有巨大财富,也掌握了一定的政治权力。在商业上,教会也控制了部分产品的输出,并通过教会的传教区控制了同印第安人的贸易。再加上耶稣会对教育的绝对垄断,使教会的势力日趋膨胀。这一切促使耶稣会逐渐开始拒绝与殖民当局的合作。

殖民地教会权力的增大,迫使庞巴尔采取了行动。庞巴尔首先对殖民当局的政府机构进行了激烈的变动,并设置了法庭来削弱教会法庭的作用。同时,由于教会反对庞巴尔的改革,采取不合作的态度,导致了庞巴尔下令,把耶稣会驱逐出巴西。这一触目惊心的举措,也使殖民地巴西的教育从教会的桎梏中摆脱出来。1759 年,庞巴尔取消了整个葡萄牙

---

① 李春辉著:《拉丁美洲史稿》(上册),商务印书馆,1983 年版,第 145 页。

统治领域的耶稣会的学校。殖民地巴西的耶稣会学校也被皇家学校所取代，同时，庞巴尔又下令，不允许殖民地巴西与外界交流。

庞巴尔的改革对教会进行了严厉的打击，但教会并不死心。在玛丽亚登上葡萄牙王位后，封建宗教势力又卷土重来。庞巴尔被驱逐出境，从而恢复了教会的权力。1779年葡萄牙颁布了关于加强监视学校活动的命令，并禁止外国的书籍进入巴西。

虽然庞巴尔的改革活动随着国王的去世以及他自己的去职和放逐而告终，但他提出的一些教育改革的思想，仍然在巴西教育史上留下了痕迹。

庞巴尔提出的教育思想和采取的教育改革措施主要有：

1. 主张教育民主，扩大受益教育的机会。庞巴尔受法国启蒙思想的影响，主张在政治上各色人种都是平等的，提出在巴西出生的白人与印第安人在政治上应是平等的，并努力促使印第安人摆脱奴隶制而成为公民。在学校教育中，他主张对白种人、混血种人、印第安人和黑人一视同仁，他们都有受教育的权利。这些主张为以后学校容纳各色人种起到了很大作用，甚至在培养僧侣这一方面，对于肤色也不加区别。一些教会到学校遴选有出息的学生，也容许黑白混血种人和黑人担任圣职。在庞巴尔执政时，于1773年曾颁布过在巴西增设初等学校的命令。

2. 主张地方当局负责管理学校，实行世俗教育。尽管庞巴尔将耶稣会驱逐出境主要是由于政治斗争的需要，但事实上，庞巴尔的改革确实使教育事务的控制权从教会的手中转到了地方当局的管辖范围，从宗教教育走向世俗教育，并用教师行业来取代耶稣会传教士的工作。此外，庞巴尔还主张进行集权式的管理形式，校长和教师都要由地方政府任命和认可。由于以前的学校都由教会控制，学校的教师大多由传教士担任，在庞巴尔将耶稣会驱逐之后，一下子出现了学校和教师的严重短缺。尽管庞巴尔采取了许多措施，但教师的缺乏一直困扰着教育的改革。

3. 主张扩大课程内容，增加新知识。以前耶稣会进行的教育，完全是一种经院式的、学究性的教育，开设的课程主要是宗教内容的课程和古典课程，目的是培养殖民地的神职人员和贵族领主。庞巴尔主张，学校的课程应该包括地理、物理、设计等应用课程。他还创办了技术学校，并建立了"王室班级"（aulas régias）来培养公共行政管理人员以及军官。

第三节　葡萄牙王室控制下的教育

1808 年，在拿破仑侵占葡萄牙的前夕，葡萄牙国王及其王室决定迁往殖民地巴西。这一事件，对巴西社会的发展影响巨大。

葡萄牙王室来到巴西，定都里约热内卢后，葡萄牙摄政王若奥为了维护王室的地位，加强其殖民统治，采取了许多防止当时巴西争取独立的措施，并进行了若干重大改革，如实行集权制，将督辖区改为省等。

1815 年，拿破仑对葡萄牙的占领结束。葡萄牙摄政王若奥被宣布为国王，称为若奥六世，仍继续留在巴西，并将巴西从一个殖民地的地位提高到与葡萄牙并列为联合王国的地位，巴西获得了王国的地位，成为"葡萄牙、巴西、阿尔加维联合王国"这样一个表面上平等的组成部分。

尽管若奥六世在巴西进行的改革旨在维护葡萄牙王室的统治地位，但确实也推动了巴西在今后的年代中，作为一个国家来进行发展，同样也促使了巴西的文化与教育的发展。

当时，殖民地巴西的文化教育要比西班牙在美洲的殖民地落后，巴西没有一家印刷厂，没有刊物和报纸，图书馆也屈指可数，而且藏书极少。此外，巴西连一所大学也没有，富家子弟要想接受高等教育，只有到葡萄牙或欧洲其他国家。

若奥六世的改革对巴西文化和教育的发展起到了一定的推动作用。在文化方面，兴办了政府印刷厂；创办了报纸和杂志；建立了国家图书馆和国家博物馆等文化设施。在教育方面，1816 年建立了第一所专业学院——皇家科学艺术学院,之后,又建立了一大批专业学院,如陆军学院、海军学院、医学院等。

在若奥六世时期,对巴西教育最明显的促进体现在高等教育的建立和发展。尽管耶稣会早在16世纪就在巴西创办了学校,但是却没有建立起高等院校,发展高等教育,与西班牙殖民地于16世纪就创建大学相比远远落后了二百多年。巴西的高等教育实际上是在1808年以后才开始发展起来的,而且巴西的高等教育的发展又以专业化的学院为其特色。这一时期至20世纪初,巴西高等教育基本上保持着专业化的特色,开设的专业领域有医学、经济、农业、化学、设计、机械等。这些专业的设置也表明了巴西的教育已打破传统的注重古典课程、学究主义的教育观念。在这一时期建立的专业学院,奠定了巴西高等学校办学的模式,也极大地影响到以后巴西高等教育的发展。

第四节　巴西殖民地时期教育的主要特征

在长达三百年的葡萄牙殖民统治时期,殖民地巴西的教育发展具有以下一些主要特征:

(一)教育被教会垄断

从1549年到1759年的二百多年的殖民时期中,教育完全由教会控制。当时的殖民当局,主要精力放在掠夺性的开发上,并没有考虑在殖民地的长期发展,更没有顾及到殖民地教育事业的发展,再加上当时还没有形成大量的人口集居中心以及交通和传播的不便利,因此,在殖民地时期,学校的建立,教育的实施,主要是通过耶稣会的传教活动而开展的,教育的内容也由教会控制。教育一直就没有被当作是殖民当局的事。

虽然庞巴尔驱逐了殖民地巴西的耶稣会，使教会的势力受到沉重打击，但教会对教育的影响依然存在，遭受二百年教会统治的思想继续在教育中体现。

（二）教育主要为少数人服务

殖民地时期的学校，招收的学生主要是来自于上层贵族、葡萄牙人的子女，目的是为了培养殖民地的官员、教会的教士和贵族。当时的教育只是属于装饰性的，而非实用性的，只是以此来区分上层阶级和下层阶级的社会地位的一种象征。只有少数贵族子弟才有资格进学校读书，而广大的印第安人和黑人是没有权力接受教育的。

随着教会影响的扩大，耶稣会学校也逐渐招收印——欧混血种人的后裔以及也为部分印第安人开办学校。然而，耶稣会开办学校的目的主要是出于宗教传播的需要，是要以基督的精神来奴化印第安人，使之成为其信徒。

（三）教育远离社会生活

在殖民地巴西，耶稣会控制下的教育与欧洲的文化与教育有密切的关系。实际上，耶稣会开设的学校以及后来葡萄牙王室开办的学校，都是移植欧洲学校的模式。因此，当时的教育主要是以古典课程为特色、以英才教育为指导的。在教学过程中，耶稣会的教育是专制性的、教条性的、抽象性的。死记硬背式的学习和百科全书式的学习也是一种共同的特征。教育并不是作为推动社会前进以及改善生活的一种工具，而是为了扩大上层阶级成员的地位和声誉、永保巴西殖民社会的精英文化价值。

（四）教育还很落后

殖民地巴西的教育当然不能与宗主国葡萄牙的教育相比。即使与西班牙在美洲的殖民地相比,巴西的教育也是较为落后的。在葡萄牙王室迁到巴西之前,葡萄牙殖民三百年来,不仅没有在巴西印刷过书籍和小册子,而且也没有建立一所大学。贵族子女要想接受高等教育,只有去葡萄牙或欧洲其他国家。巴西本来就不多的学校几乎全是设在城市和教区中心。巴西殖民社会以农民为绝大多数,而教育基本上与农民的子女无缘。绝大多数印第安人、黑人、混血种人几乎全是文盲,即使是白种人,很多也缺少教育。

第二部分　巴西独立后的帝国及共和国时期的教育(1822—1930)

第一节　帝国时期的教育(1822—1889)

19世纪初西班牙美洲殖民地的独立运动,极大地影响和推动了巴西独立运动的发展。而葡萄牙本土发生的资产阶级革命(1820年8月)导致了巴西独立运动的新高涨。1821年,葡萄牙国王若奥六世在各方的压力下,被迫离开巴西回葡萄牙去。但他把儿子佩德罗封为摄政王,留在巴西,试图继续葡萄牙王室的统治。

随着独立运动蔓延到整个巴西,佩德罗见机行事,于1822年9月7日宣布巴西摆脱葡萄牙而独立,从此揭开了巴西作为一个独立国家的历史。独立后的巴西建立了帝国,1822年12月1日摄政王被立为巴西皇帝,称为佩德罗一世。帝国持续了约70年。

独立后的巴西依然与宗主国葡萄牙有密切的关系。佩德罗一世仍然是葡萄牙的王储。在1826年其父若奥六世去世时,佩德罗继承了他父亲的王位,尽管不久后他就将王位让给了他幼小的儿子。

在帝国时期,统治巴西的最有权势的仍然是巴西一小部分封建的、把持土地的贵族集团(种植园主和矿业巨头)。但在此时,巴西已出现了一批自由派人士,他们受过欧洲教育的熏陶,思想进步。他们乐观地致力于宪法的制定,认为有一部好的宪法就能产生可行的政体。他们竭力主张制定能限制君主权力的宪法。在制宪过程中,教育问题也作为主要问题之一进行了讨论。1824年,巴西的第一部宪法产生,这是一部在当时来说非常先进的宪法,对19世纪的巴西社会和政治的进步具有重要意义。[1]

在1824年的宪法中,也有专门论及教育的条款(第一百七十九条),该条款首次提出"普通教育是公民的权利",[2]并且使所有的教育均为免费。[3]因此,1827年,在新帝国的主要居民中心,初等学校依法建立了起来。据1831年的统计,在里约热内卢的学校中就有3300名学生。[4]

虽然在宪法中规定了公民有受教育的权利,并建立起一批新学校,这是一个很重要的进步。但是,在当时的条件下,还没能建立起免费的公共教育制度。这是因为在独立后的初期,巴西仍然缺乏人力和物力来建立这一教育制度。更重要的是,当时的统治集团,将主要的精力用在如何巩固他们的权力和地位上,而对广大民众的教育并没有真正关注。当时的教育体系提供的教育,大部分是为了培养进专业学校而进行的预备学习,或进音乐、艺术、人文等学校而进行的高级学习。当然,这一类的教育主要都是由贵族子女、富有阶级子女所享受。那时的教育发展并没有很大地影响到广大民众。

由于佩德罗一世与议会在某些问题上产生了分歧以及其兄篡夺了葡萄牙王位,他要回葡萄牙去,于1831年将在巴西的帝位让给了他的5岁的儿子佩德罗二世。

成年后的佩德罗二世是一个严厉稳健、有学者风度的君主。在佩德罗二世统治的半个世纪里,巴西的政治和文化都成熟了起来,国家的统一得到了保证,政治制度和社会制度得到发展和巩固,如建立了一套行

---

① 《巴西简介》,巴西驻中国大使馆,1994年版,第18页。

② Fay Haussman and Jerry Haar,Education in Brazil,Archon Books,Connecticut,1978,P.32.

③ Foster Watson ed.,The Educational System of Brazil,Encyclopedia and Dictionary of Education,Akashdeep Publishing House,1993,P.210.

④ 同②,P.211.

之有效的管理制度;奴隶制逐渐削弱,并于1888年彻底取消;积极鼓励欧洲人移民巴西;在全国范围内设置了保健系统和福利体制;发展铁路交通;促进了经济发展。经济的发展和人口的增多以及社会福利的建立,促使了政府对教育发展的关注。以前为少数贵族子弟服务的教育,在中层阶级增多和需要熟练工、半熟练工的情况下,已满足不了人们的需求。

在帝国时期,巴西政府对教育的发展主要是运用法律的手段来实施的。1834年的"补充法"(Ato Adicional)赋予了各省较大的权力,确立了各省自治的地位。根据该法,教育行政管理权有了明确的规定,初等教育和中等教育的行政管理权分散到各省,由省政府负责,而高等教育的管理仍由中央掌握。

此外,1851年的法令和1854年的法令进一步扩大了初等教育,并根据儿童的年龄,将学校分为两个层次,即初小和高小。几年后,巴西政府也允许开设私立学校。在1857年,6 918名学生中就有4 415名学生在私立学校读书。

在教育管理上采取的第一个重要步骤是在1854年设立了教育总督导处(Inspectoria Geral da Instrusão)、领导委员会(Conselho Director)等机构。首任教育总督导长伊塔博拉黑(Itaborahy)的工作极为出色。

1872年,在巴西,对初等教育应否成为义务教育进行了讨论,同时各个省流动教学问题也引起了较大关注。1885年,巴西教育大会提出了在一些省内实施教育分权和教育活动自由的做法。

在帝国时期,巴西政府依靠法律较大地发展了教育,使教育的发展取得了一定的成果。这些成果主要有:

1. 建立了第一所师范学校,专门培养教师。

2. 建立了正规中学模式——佩德罗二世中学(Colégio Pedro Ⅱ)。

3. 建立了大批小学。

4. 建立了农业学校和职业技术学校。

5. 建立了艺术学校(音乐、美术、绘画等)。

6. 公立学校有较大幅度的增长,从 1860 年的 3 000 所,增加到 1888 年的 6 000 余所。

7. 允许开办私立学校。

8. 发展了高等教育,主要是增建单一性的专业学院,如法学院、医学院、农学院、天文学院等。

9. 确立了教育分权制。

10. 设立教育总督导处。

第二节　自由主义教育思潮

尽管这一时期巴西的教育有了一定的发展,然而,总的来说,这种教育的发展主要还是属于为上层阶级服务的。上层阶级的子弟通常都集中于法律和医学这两个专业,尤其是法律。在当时,法律学校已成为培养精英的基地,毕业生在社会上的地位很高,收入颇丰。在帝国时期,广大民众仍然缺少受教育的机会,文盲率从没有低于 85％。①

在教学内容上,学校总是依赖于过去,怀念殖民时期耶稣会实施的教育。学校的课程,依然保持以人文学科课程为主,甚至在医学和法学专业的培训中,在很大程度上也是以人文学科来指导的。当时,巴西真正的专业学校仅仅是那些培养军官、工程师和医生的学校。总之,巴西的教育有了发展,但仍没有突破原来的框架。

总的来说,独立后的巴西,虽然在名义上国家独立了,但在经济与文化上却仍然处于依附的地位。统治阶层和知识界的精英,其文化是全盘欧化的、是紧跟乃至依附于欧洲的。② 巴西的上层人物,他们的知识基础

---

① Fay Haussman and Jerry Haar,Education in Brazil,Archon Books,Connecticut,1978,P.32.

② ［英］莱斯利·贝瑟尔主编,中国社会科学院拉丁美洲研究所组译,《剑桥拉丁美洲史》,第 4 卷,社会科学文献出版社,1991 年版,第 364 页。

是在欧洲自由主义环境中取得的,大多数人又是在葡萄牙的科英布拉大学学习的。巴西所建立的学校,特别是累西腓和圣保罗的法律学校,其学术活动的气氛和科英布拉大学的并没有很大区别。志愿参加学位考试的人,都在罗马法和教会法规方面受到过同样严格的、形式主义的教育。法典和王国的法令是他们的主要精神食粮。当时,自然法则的理论被认为是要推翻旧的经院哲学而遭到反对和压制。

虽然巴西上层人物的思想意识、政治纲领和社会理论,还属于"欧洲的"思想体系,但也还多少有其特色。这是因为巴西是多阶层、多种族而经济又不发达的国家,而且国家权力集中的传统根深蒂固,而自由主义思想在这种独特的环境中也经历了各种变化。

在1870年之后的两个年代中,是巴西自由主义兴盛的时期。随着佩德罗二世1889年的退位,巴西的君主制已被共和、立宪和代议制所取代。巴西建立的这种较温和的立法,使殖民地社会愚民政策的束缚让位于教育和非宗教的准则。

在独立后的帝国时期,巴西的教会并没有成为一股有很大影响的社会势力,主要原因是由于教会处于国家的从属地位。当时葡萄牙的国王完全掌握了教会的权力。巴西教会也效法葡萄牙教会的榜样,与帝国的官僚政治融合在一起。在这种情况下,巴西政府也豢养了一批政治教士。在巴西帝国时期,大约有700名教士全是在国家控制的神学院受的教育。因此,教会已不能形成在财富、影响力以及各种特权上对抗政府的一个中心,也不可能作为取代政府的一种权力机构。

在教育方面,殖民地时期教会垄断教育的局面已一去不复返。尽管教会对失去的天下仍不甘心,但在政府的强烈干预下,教会对教育的影响大大降低。尤其是在1878年后,自由派得势,开始猛烈攻击教会。自由主义者认为,教会同奴隶制一样,是巴西社会发展的一个重大障碍。政府的许多预算条款,限制了教会占有乡村和城市地产的权利,并使教会少有机会在教育领域"助长无知"。[1]

总的来看,从 19 世纪后期到 20 世纪初,巴西宗教在各个领域均已失去了原有势力。正如巴西红衣主教西尔维拉·辛特拉自己所说:"巴西主要是天主教国家,但教会影响却如此之小","我们是多数,但分文不值"。[2]

第三节　共和国时期的教育(1889—1930)

1889 年,由主张政治自由的军人——平民联盟推翻了帝国,废黜了佩德罗二世皇帝,建立了共和国。

新生的共和国以新的共和主义思想在政治体制上实施了一种深刻的制度变革(但并没引起流血),取消压迫性的、中央集权性的君主政治体制,采用民主式的、地方分权式的联邦制和总统制,立法、执政、司法三权分立,改省为州。1890 年,巴西颁布了关于教会与国家分离的法令。1891 年,巴西通过了新的宪法。

第一次世界大战促进了巴西的发展,尤其是在 1920 年,巴西加速了现代化的进程。巴西的工业化、城市化的规模不断增大,最为显著的是纺织、制鞋、能源、制造业的发展。此外,小规模的中产阶级的产生和劳工组织的建立,反映出了这一时期现代巴西社会的结构和民族的基本形成。

虽然巴西在体制上发生了重大变革以及在社会经济上也有很大发展,然而,要使庞大的、有着传统保守势力的巴西发生根本性的变化是不

---

[1]　[英]莱斯利·贝瑟尔主编,中国社会科学院拉丁美洲研究所组译:《剑桥拉丁美洲史》,第 4 卷,社会科学文献出版社,1991 年版,第 591 页。

[2]　[英]莱斯利·贝瑟尔主编,中国社会科学院拉丁美洲研究所组译:《剑桥拉丁美洲史》,第 4 卷,社会科学文献出版社,1991 年版,第 593 页。

现实的。巴西基本上仍然是一个由少数精英统治的农业国家。尽管宪法规定年满 21 岁的公民有直接选举总统的权利,但真正有投票权的人只有 5%。[1] 寡头政治依然控制着巴西的政治体系,财富分配不均依然严重,偏爱以文学和人文为核心的欧洲文化依然流行,文盲比率依然居高不下。

在这种体制大变革、传统保守势力依然强盛的情况下,巴西对教育制度也进行了重大改革。在 1891 年的宪法中,不但规定了"在公共机构中实施世俗教育"(宪法第七十二条),[2]而且还规定了促进全国的教育是联邦国会的责任,但联邦不干涉地方政府。在一些州中,联邦政府可以组织中等和高等教育以及可以负责管理联邦地区的中等教育。[3] 因此,在巴西,从此建立起了双元的教育体系,即由联邦政府和州分别管理各自的教育体系。分属各州的初等、中等和高等教育体系由州负责管理,而联邦政府也有自己负责管理的联邦中等教育和高等教育体系。

在共和国时期,州教育体系善于接受国外的一些新的教育思想和方法,其发展较为迅速,而联邦教育体系对诸如美国进步主义教育的思想和方法并没有作出什么反应,仍然保持过去(主要是帝国时期)的结构和内容。例如,中等教育仍然模仿法国的国立中学(Lyceé)模式,必修的古典课程众多,考试相当严格,只有学习优秀的人,才能进大学学习。

因此,当时在巴西可以看到明显的两种不同的学校类型:

一种是以圣保罗州和米纳斯吉拉斯州为主的学校类型,这类学校受美国的影响,以进步主义教育思想来指导学校的改革和实践,在教学中运用了新的教学方法。

另一种是在当时其他州较为普遍的欧洲的学校类型,这类学校为数

---

[1]　Fay Haussman and Jerry Haar,Education in Brazil,Archon Books,Connecticut,1978,P.33.

[2]　Mario Contreras,La Educación en el Brazil,Secretaría de Educación Púoblica,México,1985,P.29.

[3]　Foster Watson ed.,The Educational System of Brazil,Encyclopedia and Dictionary of Education,AkashdeeD Publishing House,1993,P.210

众多,主要模仿法国学校教育的模式,注重传统的学术性课程。

在这一时期,巴西城乡教育差别巨大。巴西城市大部分地区的公共教育已建立,有些学校条件较好,教学质量也较高。然而,巴西农村大部分地区却缺少学校设施,仍有大量适龄儿童无法上学。由于条件差,师资力量弱,农村学校的教育质量依然很差。

在共和国初期,巴西政府着重于重建公立学校体系。在1901年,重新组建公立学校已成为"教育法"(Codigo do Ensino)的主要目标。在这一期间以及以后的一段时间里,巴西的各级公立学校有了较大发展,基本上形成了巴西现代教育制度的结构。

小学分两个层次仍然保持下来。小学第一层次(即初小),按年龄划分是7—13岁;小学第二层次(即高小),是13—15岁。在初小中再分为三三个部分(基础、中级、高级),主要学习的课程有:阅读和写作、葡萄牙语、算术和公制、公民学、实物教学、绘画、体育、基础农业等。在高小中学习的课程有:基础法语、基础数学、物理、自然史、地理、历史、法律、政治经济基础知识、音乐和军事训练等。

这一时期,巴西初等教育的发展可以从下表中反映出。

巴西初等教育的发展(1872—1914年)

年　份	学校数	学生数	每千个居民中学生比率(%)
1872	4 552	13 900	14
1889	8 157	25 800	18
1907	12 448	63 800	29
1914	12 744	70 000	30

资料来源:Foster Watson ed.,The Educational System of Brazil,Encyclopedia and Dictionary of Education,Akashdeep Publishing House,1993,P.211.

此外,在巴西南部地区的圣卡塔林纳州,由于德国大量移民移居该州,故建有大量的德语学校。在这些学校中不教授葡萄牙语,书和地图等教学用品均从德国进口。而在南里约格朗德州,德国人在很大程度上被同化了,所以学校的情况就与圣卡塔林纳州不一样。

巴西中等教育结构变化极大。从1901年的教育法颁布以后，某种程度的一致被保持了下来，其中采纳了各州和私立学校文凭可以"等值"（equiparacāo）的原则。因此，巴西的中等学校文凭均可以与典型的、由联邦政府自己管理的唯一的一所学校——里约热内卢的佩德罗二世学校等值。

1894年1月15日颁布的法令规定，中学学制为七年，招收10至14岁的学生。中学课程结束后，要进行称作是"毕业"（Madureza）的考试，通过者授予"理学士或文学士"（Bacharel em Sciencias e Lettras）。中学开设的课程主要有葡萄牙语、拉丁语、希腊语、法语、英语或德语、数学、物理、化学、历史、地理、自然科学、社会学和伦理学等。

1911年的"教育组织法"（Lei Organica do Ensino）或称"里瓦达维亚"法（Rivadavia），充满了自由主义的思想，该法基本上没有改变教学计划的内容，但对体制的改革产生了较大影响，如该法规定了学术组织自治，取消为上大学准备的"预备学校"（Preparatorios）并取消了"等值"制，等等。

由于受自由主义思想而进行的改革并没有取得满意的效果，在1915年，"马克西米里亚诺法"（Lei Maximiliano）恢复了旧制度，但也重新改革了在联邦区的佩德罗二世学校模式，学制为五年，入学年龄为11—14岁，要求有入学考试，课程也减少了，取消了希腊语和社会学课程。

这一时期，巴西的高等教育也有较大发展，但仍以专业学院为特征。高等教育仍然主要由联邦政府直接管理。当时，联邦政府管理的学校都是在帝国时期建立的，如在圣保罗和累西腓的两所法律学院、在里约热内卢和巴伊亚的两所医学院、在里约热内卢和奥罗甫莱多的两所工学院。

从1889年起已建立了州立学院和私立学院，但为数不多，直到1920年才真正建立起巴西的第一所大学——里约热内卢大学。在1927年又建立了米纳斯吉拉斯大学。然而，这些大学实际上只不过是由一些专业学院(如医学院、法学院和工学院)合并而成的,还没有成为现代型的综合性大学。通常法律专业学制为五年,医学和工学为六年。

此外,在1916年,里约热内卢的著名的历史与地理学院(Instituto Historico e Geographico)建立了高级研究院(Academia de Altos—Estudos)。该高级研究院是按欧洲的模式创办的,下设三个部:外交、行政管理、哲学。该高级研究院主要是培养高级官员以满足巴西行政管理的需求。

从1890年至1930年,巴西共建有17所法律学院、8所医学院、8所工学院以及两所大学。

在这一时期,巴西的技术教育发展较为突出。虽然在帝国时期巴西已创办了农业学校和手工艺学校,但在规模、层次、多样化方面仍有欠缺。而在共和国时期,巴西的技术教育朝多层次、多样化方向发展。除了农业、手工艺学校外,这一时期巴西还建立了工业、商业、师范等学校或学院。

在农业技术教育方面,1909年建立的联邦农业委员会,在全国推广农业技术教育中发挥了巨大作用。农业技术培训分三个层次:

1. 高等农业学校——在里约热内卢设有高级农业学校(Escola Superior de Agricultura)。

2. 中等农业学校——在巴伊亚、皮拉西卡达、皮艾罗、波多阿莱格莱设有农业理论与实践学校(Escolas Theorico—Practicas de Agricultura)。

3. 初等农业学校——在巴伊亚、圣路易斯德米索艾斯、巴尔巴塞纳、撒图巴、依加拉卜阿塞、吉玛拉艾斯、圣西玛奥、图巴拉奥等地设有农业学习与实验学校(Escolas Practicas e Aprendizados Agricolas)。

此外,巴西各地还建有畜牧业、旱地农作物、水稻生长、棉花种植等方面的专业学校。巴西各州也都设有州农业委员会和农业培训机构,按各州的需求进行培训。

在工业技术教育方面,工业专业技术学校主要由联邦政府创办,大多数学校都设在主要城市。在里约热内卢、波多阿莱格莱、巴伊亚、圣保罗、加皮那斯、马塞依奥等地方,也有州立和私立的学校,叫做"手工艺学校"(Lyceus de Artes e Officios)。在工业技术教育方面,巴拉州办得较为出色。该州有五个条件设备较好的工业技术学院,有 1 500 名学生在豪华整洁的教学大楼里接受培训。

在商业技术教育方面,商业学校几乎全部是私立的。在一些手工艺学校也开设有商业课程,通常教记账。这些学校的校长均采纳和运用欧洲的教学方法来进行教学。

在师范教育方面,师范学校主要由州负责,在主要一些州府都建有师范学校,也有三所是市立的师范学校(如在联邦区、巴尔巴塞纳和德莱斯彭达斯)。在圣保罗,州政府管理 8 所培养小学教师的师范学校和 3 所培养中学教师的师范学院。1912 年,圣保罗州培养了 3 611 名师范学生。圣保罗的师范毕业生在巴西具有较好的声誉,受到其他州的欢迎。1914 年,巴西共有教师 20 600 人,一半是女性,有 7 265 人在私立学校工作。

在共和国时期,巴西的各级各类教育确实有了较大的发展。然而,这种发展依然没有满足社会经济发展对教育的需求和为广大民众提供平等教育机会的需求。特别是在农村地区,教育仍十分落后。据 1934 年的统计资料,巴西的文盲人数仍占 52% 以上。

第四节　实证主义教育思潮

在共和国时期,巴西教育发展过程中最为明显的一个特征是巴西的实证主义思潮对教育的影响。

19 世纪末,实证主义的思潮遍及整个拉丁美洲,明显地在拉丁美洲政治思潮中占据统治地位，①尤其是在巴西，实证主义的影响更大。

巴西在 1871 年就成立了实证主义协会。早期的共和主义者成为实证主义的忠实信徒。巴西的实证主义者主张用严谨的科学方法来取代枯燥无味的哲学和形而上学的思考，以培养注重现实生活问题、具有科学素养的人。许多实证主义者还担任了重要的行政官员，他们强调"秩序与进步"，并将"秩序与进步"这一实证主义的口号写在了巴西的国旗上。巴西实证主义者在推翻帝国、废除奴隶制中都起过重要作用。实证主义者不仅视实证主义是引导巴西走向现代化的一种哲学观点，而且还有意识地试图将实证主义的思想付诸实施。

巴西实证主义创始人本哈明·康斯坦特（Benjamin Constant）在担任教育部长时，就将法国实证主义思想之父奥古斯特·孔德（Auguste Comte）的许多观点直接运用于巴西的教育实践中，推动了巴西的教育改革。

康斯坦特曾是里约热内卢军事学院的数学教师。偏爱数学科目的倾向，使他与实证主义有了最初的接触。在军事学院，孔德的哲学十分得势，大多数教师都是共和派和废奴主义者，也是实证主义的拥护者，他们强烈偏爱使用数学上的论据、基本的伦理体系、不可知论、反神秘主义以及教条主义和纪律，在学校中对学生进行思想灌输，使军事学院成为实证主义的大本营。

康斯坦特并没有受到米格尔·莱莫斯（Miguel Lemos）和特谢拉·门德斯（Teixeira Mendes）的巴西正统的实证主义学派的影响，他反对巴西正统的具有宗教性质的实证主义，坚决主张教育由国家统一管理并用实证主义的哲学来对抗教士们的唯心主义哲学。他以公开的方式反对宗教对教育的干涉，表明了他的反教权主义的思想。

实证主义的思想对教育的直接影响主要是促使人们努力改变教育

① Edward J. Williams, Latin America Political Thought: A Developmental Perspective, The University of Arizona Press, 1974, P.10.

以适应新时代的要求。工业化的进程、稳定高效的政府需要领导者充分地掌握现代科学,传统的学校已不足以承担这一任务。然而,人们无意于废除乃至更新现有机构,替代的办法是设立新的机构,建立一些新型的、重视科学教育的学校。

当时在巴西确实建立了一批以实证主义思想为指导的新型学校。而康斯坦特任教的军事学院则成为典型的实证主义的教育机构。

在实证主义思想影响下,巴西的教育改革在以下几个方面较为显著:

1. 强调系统的、循序渐进的、"百科全书式"的学习科目。实证主义教育家认为,系统学习以科学为基础的统一课程,可以促进精神健康和社会秩序。学生按由浅入深的次序学习若干门科学,从而知晓它们之间的相互关系。因此康斯坦特要求军事院校的学生牢记:数学是基础,社会学是拱顶石,并以此来加强科学知识的学习。

2. 越来越侧重于与人文学科相对的自然科学和实用的学科。尽管传统的强调人文学科的风气依然存在,但实证主义教育革新的思想有所进展。有些学校取消了拉丁文的学习,减少了传统学科的课程,一种追求专业技术和实证主义的学科思想不断发展。虽然这同百科全书式的学习有矛盾,但又成为实证主义教育改革思想的一大特征,使巴西教育保持了既重视专业技术,又不忽视高度系统性的学习。

3. 引进新的教育思想,改革传统课程。实证主义教育家主张将科学方法、批判主义、分析主义引进教育制度,促进学校课程发生巨大变化。实证主义者抨击了当时教育制度强调的那些传统的人文主义的价值观念,强烈要求采用现代的、更实用的、科学的课程。因而,当时实证主义学校重视科学教育的程度已超过人文学科,在学校课程中,引进了大量自然科学、数学、信息获取、技能发展等方面的内容,使得巴西的教育有助于社会经济的发展。

4. 坚持宗教与教育分离和国家对教育的管理。实证主义者认为,宗教禁锢人们的思想,阻碍人们去探求真知。他们主张在公立学校实行免费的和世俗的教育,禁止在公立学校开设宗教课;教育是国家的事业,国家应该控制教育;要用实证主义的哲学来对抗教士们的唯心主义哲学和经院哲学;要用实证主义来取代宗教思想。

5.实证主义的座右铭"秩序与进步"反映在教育上,培养学生具有符合统治阶级利益的价值观,既顺从统治阶级的意志,又能从事现代化的生产。因此,在学校中,较强调以教师为中心的、强制命令式的教学方式,要求学生绝对服从教师,压制了学生的想象力和创造力。

第三部分 瓦加斯时期的教育
（1930—1945）

第一节 瓦加斯时期的教育政策

1930年，以热图利奥·瓦加斯（Getúlio Vargas）为首的自由联盟在巴西开展了一场资产阶级革命，并以武力的方式取得了政权。瓦加斯的执政，在巴西历史上开辟了一个新的时代。巴西的政治体制、社会发展、经济发展、文化和教育都经历了一个重要的变革过程。

统治巴西15年的瓦加斯是在一个动乱不定的时代上台执政的。在政治上，由于巴西没有强大的党派，国家主要由富裕的圣保罗州和米纳斯吉拉斯州这两个州联合统治，这引起了新兴的工业企业家、畜牧业巨头、种植园主以及劳工组织的强烈不满。在经济上，由于受世界经济危机的影响，巴西的咖啡价格暴跌，导致了巴西的财政危机。在巴西，国内物价上涨，工资下降，人们缺少生活必需品，导致了全国人民的不满。在这种形势下，巴西于1930年成立了以瓦加斯为首的新的政党，称作"自由联盟"。在军人集团的支持下，瓦加斯当上了临时总统。

瓦加斯执政后，在当时特定的形势下，加强了国家的权力集中，并实施了独裁的统治。他主张变革，成为拉美首批力主变革的独裁者之一。瓦加斯的政权对现代巴西的发展作出了许多重大贡献。

在政治上,瓦加斯打破了由两个州独霸总统职位及控制议会的局面,为更多的人参与政治开辟了道路。此外,在他执政时,争取到了妇女也有选举的权利;他支持劳工改革,实施给工人群众社会福利的政策,力图把各种地区性的力量统一到一个现代化的国家中来。

在经济上,为了使巴西摆脱对外国的依赖,瓦加斯政权实施民众主义和民族主义的政策,颁布了一系列促进巴西民族工业和经济发展以及维护劳动者基本权利的法律,迅速建立起民族工业,同时实行国家干预经济的政策,使巴西的经济取得较大的发展。

在教育上,瓦加斯政权对公共教育极为关注,对教育进行了重大的改革,进一步集中了中央政府的权力,以使国家能够实施和推行新的教育政策。

1930年,巴西建立了第一个主管教育的职能部门——教育与卫生部,由弗朗西斯科·坎波斯(Francisco Campos)任教育与卫生部部长。国家开始对教育采取了更为具体、更为广泛的措施,在巴西掀起了教育改革的热潮。

当时,巴西的各种组织也对教育改革十分关注。新建立的巴西教育协会(Associac̄āo Brasileira de Educac̄āo,ABE)对学校教学和课程的改革进行了热烈的讨论,并主张引进国外新的教学思想。一些追随美国杜威教育思想的组织,在巴西开始建立杜威式的"新学校"(Escola Nova),试图使学校成为社会政治民主变革的一种工具。教育与卫生部长坎波斯也是"新学校"的支持者。还有一些组织竭力主张要将更多的资源投入到基础教育中去,以减少文盲。

在瓦加斯执政时期,教育政策的一个明显倾向是关注广大的民众教育。瓦加斯在1933年所作的"巴西新政策"的报告中指出:"尽管巴西人还很穷,但所有的巴西人都可以成为令人钦佩的人,成为模范的市民。

然而，要使之成为现实，只有通过一个途径、一种方法——所有巴西人必须接受教育。"①

瓦加斯认为，民众教育关系到国家的兴盛，"所有大国达到发展的较高水准，都是通过对其国民的教育"。② 他以日本为例，由于日本的国家和家庭重视对每个人的教育，日本仅用 40 年的时间（1877—1919），教育奇迹就使日本经济飞速发展，超过俄国，并进入列强。因此，瓦加斯动员全国各种力量，呼吁共同合作来努力解决民众教育的问题。

瓦加斯对当时巴西存在的一些错误观念进行了抨击。他指出，"教育是财富的结果，只有在富有的国家才存在完整的教育"的这种观点是不正确的。他认为，作为美洲大国的巴西已开始起步了，并朝着目标不断努力，如果在教育上坚持不懈的话，必将会取得巨大成果。③

面对巴西的现实，瓦加斯要求各州着重检查初等教育的发展工作，不应将资金浪费在豪华的建筑和维持军警等方面，而忘记了最大的资本生产单位是教育。④

因此，瓦加斯呼吁，"联邦、州和市要具有合作精神"；"只有将最大比例的收入花费在教育上，才可以说在我国基本问题上迈出了一大步"。⑤瓦加斯进一步指出："为了贯彻政府的意图，要强调通过法律来规定各州起码应将 10％的税收用于初等教育，并要求将市政府收入的 15％用于安全、卫生和教育。"⑥

在瓦加斯执政时期，教育政策的另一个明显倾向是注重职业技术教育。瓦加斯提倡教育应与生活相联系。他指出："当人感到与土地联结在一起时，土地也会给予热情的回报，这就要求人们会利用土地来使种

---

① Mario Contreras, La Educación en el Brasil(Periodo Republicano), Ediciones el Caballito, Consejo National de Fomento Educativo, Secretaría de Educación Pública, México, 1985, P.31.

② 同上，P.30.

③ 同上，P.32.

④ 同上，P.32.

⑤ 同上，P.33.

⑥ 同上，P.34.

子发芽、生长。基本的途径是要教育人民,使人民能够学会生活。……教育与生活概括了我们未来的秘诀……。"①

瓦加斯也指出了当时教育存在的主要弊端,他认为:"我们的教育是空洞的,失去了主要的目标:培养人们去生活。"②瓦加斯将教育理解为是:"广义的、社会性的:身体和道德的、优生和爱国的、工业和农业的,而最基本的是初等教育和职业技术教育。"③因此,瓦加斯强调,"我们的主要力量应坚持放在初等教育和职业技术教育上";④"我们所需要加强的教育是职业技术教育,尤其是在机械化时代,如果没有这类教育,就不可能组织生产"。⑤

在办学模式方面,瓦加斯主张以更现实的、符合各地实际情况的方式来开办学校。他指出:"要搞教育就要建立学校,但并不一定要按一种能在全国通用的严格的模式来建校。应根据各地区的情况以及各地居民工作的情况,采取适当的教育形式。在人口众多的工业化城市,可以通过专业学校和职业技术学校(licéus)进行职业技术教育;在内地农村地区,可以通过普通学校、慈善机构和寄宿学校进行农业技术教育。总之,从现实性和教育性出发,使每个公民有能力独立谋生……。"⑥

第二节 瓦加斯时期的教育改革

在瓦加斯的教育政策的指导下,教育部制定了一个全国改革国民教育的庞大计划,试图对全国的教育实施大刀阔斧的改革。

---

① Mario Contreras, La Educación en el Brasil(Periodo Republicano), Ediciones el Caballito, Consejo National de Fomento Educativo, Secretaría de Educación Pública, México, 1985, P.29—30.

② 同上, P.33.

③ 同上, P.30.

④ 同上, P.33.

⑤ 同上, P.31.

⑥ 同上, P.33—34.

巴西 1931 年的法令将中等教育分为两个阶段：第一阶段是五年的基础教育；第二阶段是两年的、为学习专业作准备的预备课程。以前第二阶段的设置主要目的是在中学里增设正规的为上大学作准备的预备课程。教育部长坎波斯认为，巴西的青年人应该接受的不只是为上大学而进行的预备教育，还应该培养青年人具有相适的能力、态度和行为，成为既有生产能力，又有责任心的社会成员。[1]

在高等教育方面，1931 年颁布了"巴西大学章程"的法令，较明确地阐述了综合大学的概念，为以后综合大学的建立和发展打下了基础。1931 年的法令规定，"大学"应由三个学院组成：法学院、工学院和医学院（或者可用教育学院、自然科学学院、人文学院这三个学院中的一个来替代其中之一）。[2] 根据这一法令规定的准则，巴西于 1934 年建立了新型的大学——圣保罗大学。

1934 年，瓦加斯正式成为总统，并颁布了新宪法。1934 年的宪法显示了国家权力的扩大、公民权范围的扩大以及妇女具有选举权。此外，对教育也有专门的规定，如宪法第一百四十九条规定：教育是所有人的权利，应由家庭和公共机构来实施。既要给巴西人，也要给居住在巴西的外国人提供适当的教育。这样，会有助于国家的经济和道德生活以及在巴西精神中发展人类团结的意识。[3]

在瓦加斯执政时，随着巴西工业化的进程，对教育的需求日益增大，政府也实施了更为广泛的教育计划，使这一时期的教育有了较大的发展，尤其是初等教育。1930 年，巴西全国只有 27 000 所初等学校，到1945 年，初等学校差不多增加了一倍，达到 5 万所左右，其中大部分学校的增加是在 1934 年建立全国教育制度以后出现的。初等教育的发展是

---

① Fay Haussman and Jerry Haar，Education in Brazil，Archon Books，Connecticut，1978，P.35.

② Mario Contreras，La Educación en el Brasil（Periodo Republicano），Ediciones el Caballito，Consejo National de Fomento Educativo，Secretaría de Educación Pública，México，1985，P.35.

③ Mario Contreras，La Educación en el Brasil（Periodo Republicano），Ediciones el Caballito，Consejo National de Fomento Educativo.Secretaría de Educación Pública，México，1985，P.36

与联邦政府的关注和支持分不开的。联邦政府通过法律,规定了学校教育的目的和原则,并在经费上给予保证,极大地促进了巴西免费义务教育的实施。此外,对州立的学校(包括中小学、师范学校和农学院等),联邦政府也提供了一定的设备和经费。

同时,中等教育也有较大发展。然而更为突出的是职业学校增加了一倍以上,达 2 000 所,就学人数从 1920 年的 250 万增加到 1945 年的近450 万。

为了发展教育事业,巴西还建立了全国教育委员会,由公、私立学校的代表任委员。全国教育委员会的主要职能是向教育部提供咨询。

第三节　瓦加斯的"新国家"时期的教育

1937 年,巴西国内激烈的政治气氛、严重的破坏活动以及各地发生的武装斗争,再加上以德国和意大利法西斯思想为指导的巴西整体主义行动党的猖狂活动,迫使瓦加斯解散国会,实行独裁。瓦加斯认为,当时的政府机构患了不治之症,过分的地方主义损害了国家的统一,立法无效,行政无能。于是,1937 年颁布了新的宪法,联邦政府集中了更多的权力,也使总统成为一个彻头彻尾的政治独裁者,建立起瓦加斯声称的"新国家"(Estado Novo)。

"新国家"的教育政策体现了一种强硬的路线。对有些在瓦加斯执政初期推行和实施的解决教育问题的权宜措施,在"新国家"时期仍拒绝进行变动和调和。此外,在前期实行的"新学校"的实验,在"新国家"时期又染上了国家政治色彩——要求各级各类教育都要服务于国家的目标。这一时期,真正的、实质性的教育问题没有得到解决,而是将最大的关注放在公共教育的政治方面。①

"新国家"的教育政策集中体现在 1937 年的宪法中。1937 年的宪法在对教育的规定上,有三个方面较为突出:一是强调国家对教育的权力和责任;二是仍然强调初等教育和职业技术教育;三是强调劳动与纪律的教育。

在 1937 年的宪法中,从以下条款中可以看到国家对教育的权力和责任:

第十六条——国家特有的法律权力包括对全国教育的领导。

第一百二十五条——子女的全面教育是家长的首要责任和自然权利。国家也有责任进行合作或弥补家庭教育的不足和缺乏。

第一百二十七条——儿童和青少年应成为国家特别照顾和保护的对象;国家要采取各种措施确保他们健康生活与和谐发展其能力的物质与精神条件。

放弃对儿童和青少年的德、智、体方面的教育是对其看护和教育的严重失职,国家有责任给他们提供必不可少的帮助和照顾。为其子女的生存和教育,家长有权请求国家的帮助和保护。②

在 1937 年的宪法中,从以下条款中可以看到仍然强调初等教育和职业技术教育:

第一百二十九条——对于没有足够资金接受私立教育的儿童和青少年,国家、州和市有责任建立各级公共教育

---

① Fay Haussman and Jerry Haar,Education in Brazil,Archon Books,Connecticut,1978,P.36.

② Mario Contreras,La Educación en el Brasil(Periodo Republicano),Ediciones el Caballito,Consejo National de Fomento Educativo,Secretaría de Educación Pública,México,1985,P.36—37.

机构来确保他们能够接受与其能力和职业倾向相适的教育。

为下层阶级开设的职前和职业教育是国家在教育方面的首要责任。要通过建立职业学校来履行这一责任,并发挥州、市、个人和私人团体与专业团体的积极性。

为企业职工的子女建立专业学校是企业和工会的职责。法律将规定国家对这些学校也有权力和责任,这样可以使国家对这些学校提供帮助和支持。①

第一百三十条——初等教育是义务和免费的。

在1937年的宪法中,从以下条款中可以看到国家的强硬手段在学校推行劳动和纪律教育,以培养"新国家"所需的人才:

第一百三十一条——体育、公民教育和体力劳动教育是所有小学、中学、师范学校的必修课程,不按照这一规定,学校就得不到承认和批准。

第一百三十二条——国家要建立有关机构,或对由社会创办的机构提供帮助和保护,这些机构的主要目的是组织青少年每年定期下乡劳动和到办公室劳动;对青少年进行道德纪律教育和进行身体训练,以此来培养青少年履行国防和经济发展中所承担的责任。②

---

① Mario Contreras, La Educación en el Brasil(Periodo Republicano), Ediciones el Caballito, Consejo National de Fomento Educativo, Secretaría de Educación Pública, México, 1985, P.37—38.

② 同上, P.38.

1937年宪法的颁布,确立了"新国家"的独裁政权。在这一时期,一切教育活动均以国家为中心,服从于独裁统治。教育部重新进行了改组,由古斯塔弗·加巴内马(Gustavo Campanema)任教育部长。加巴内马部长建立了许多效率高、能协调的行政管理机构,并创建了一个教育研究所。杜威的教育哲学开始被摈弃,"新学校"的实验也在改变其方向。

在这一时期,除了继续加强初等教育和职业技术教育外,巴西教育部集中精力于中等教育的改革。1942年颁布的"中等教育组织法",力图要使中等教育现代化,但依靠的是极其严厉的集权管理形式,将联邦教育体制强加给所有的学校(包括公立学校和私立学校)。在此基础上,规定了统一的教学计划。

总之,在"新国家"时期,巴西的整个教育的特征是在学校开设统一的课程和运用严格的教学方法;采取权宜措施来解决教育问题;教育主要为国家的政治服务,忽视对教育本身规律的探究。

第二次世界大战后,一批将军在巴西全国民主联盟党的支持下发动政变,迫使瓦加斯辞职。1945年10月,瓦加斯的独裁政权被推翻。1946年巴西建立了民主共和国。

1951年,瓦加斯按宪法规定的程序,又被选为总统,开始第二次执政。在这一时期,对教育法的修正和改革的法案连续被提了出来;也对教育进行了一系列改革;建立了许多新的公立大学和私立大学。然而,在瓦加斯第二次执政的短短的三年中,许多政治问题围绕着瓦加斯,使他没有更多地关注教育。

1954年,在一次严重的政治危机之时,瓦加斯自杀身亡。瓦加斯的去世,标志着巴西一个时代的结束。在巴西历史上,瓦加斯是一位有争议的人物。在他执政时,巴西的经济、政治、社会、教育等方面发生了深刻的变化,改变了国家的面貌。中央政府维护了对州、市的政治权力,实施了独裁统治。国家的经济已深入影响了以前属国内外私营资本的经济领域,建立起民族工业。国家对教育的控制更强烈,有力地推动了国家教育体制的发展。他当政期间发生的许多著名变革,均给这个时代标上了他的名字。然而,由于他实行的独裁专制以及巴西国内复杂的形势,瓦加斯也受到来自各方的批评。总之,在巴西现代史上,没有一个人比瓦加斯掌握的权更大;没有一个人比瓦加斯遭到的议论更多。

第四部分　巴西战后民主时期与军人执政时期的教育(1945—1985)

第一节　巴西战后民主时期的教育
(1945—1964)

第二次世界大战结束前夕,统治巴西 15 年之久的瓦加斯被迫辞职,巴西恢复了民主政府。在瓦加斯执政时任陆军部部长的爱乌黎哥·杜特拉(Eurico Dutra)被选举为总统。1946 年,巴西立宪会议批准了一部新的宪法,并沿用至 1967 年。

在库比契克(J. Kubitschek)总统领导下(1956—1961),巴西的经济开始迅速发展。在战后初期,巴西在工业发展方面已取得了一定的成就,工厂企业不断增加,巴西已向工业化、现代化迈进。到 60 年代初期,巴西已达到拉美国家较高的工业发展水平,工业生产与农业生产相等,许多大庄园已变成资本主义大农场。在巴西、圣保罗、累西腓、里约热内卢、贝洛奥里藏特等城市已成为大工业中心。为了开发内地,1960 年巴西首都迁到了巴西利亚,进一步促进了内地的开发。为了吸引外资,巴西政府还采取了许多优惠政策。

尽管这一时期巴西的经济有了较大发展,然而对于必须发展的食品供应、运输、教育、卫生、住房和社会服务等方面却还没有来得及顾及。

在库比契克总统任期结束时,通货膨胀率已急剧上升,出现了巨大的财政赤字;贫富之间收入差距的扩大已成为严重的社会问题,这为以后的发展带来许多问题。此外,在这一时期,巴西政府并没有制定任何值得注意的社会发展计划或教育计划。

在古拉特(J. Goulart)总统执政时,巴西左派势力日益增大,政府也进行较为激烈的改革,采取了一系列符合本国民族利益的措施,如限制外资利润外流,对石油和石油产品进口实行国家垄断,对外国的一些企业实行国有化,对农业工人实行社会保险等等。

在这一时期,教育发展中的一个重大事件是颁布了巴西第一部教育法——"全国教育方针与基础法"。

在战后,巴西1946年颁布的宪法中,已明确指出联邦政府具有制定全国教育方针与基础法的权力。1947年,当时的教育部长葛莱曼特·马里阿尼(Clemente Mariani),根据1946年宪法的精神,建立了一个委员会,负责制定全国教育计划。马里阿尼部长试图制定一个长期的综合教育计划,以期使该计划与政府的其他计划一起,促使社会民主化和分权化。1948年,该计划作为一项重要的教育提案提交国会讨论。由于国会议员的意见不一致,从此开始了持久而激烈的争论。争论的焦点集中在坚持自由主义还是保守主义;实行集权制还是分权制;主办公立学校还是私立学校等方面。在经过13年之久的争论后,于1961年12月20日才通过,成为法律——"全国教育方针与基础法"。

1961年颁布的"全国教育方针与基础法"是巴西的第一部教育法,在巴西教育发展史上具有重大意义。该法确定了全国教育的目标;规定了教育的权利、免费义务教育、教学自由等方面的原则。

该法最有影响、最具意义的一个特点是确定了教育分权化,试图建立教育行政的地方分权制度。在权力分散过程中,除了联邦继续负责管理联邦的教育体系外,也允许各州都有组织各自教育体系的权力。也就是建立双元教育体系,即联邦教育体系和州教育体系并存,各自管理自己的教育体系。

在教育立法方面,根据"全国教育方针与基础法"的规定,建立了联邦教育委员会,这是一个确立规范的审议机构,它的职责是解释教育法、决定教育政策的方针、发布各种规范来控制教育的各个方面(如课程组织、授权和对中学后教育机构的认可等)。

在"全国教育方针与基础法"所规定的范围之内,各州可以制定法律来指导各州的教育体系。各州的教育委员会,在各自教育体系内也执行类似于联邦教育委员会的确立规范的职责。

虽然1961年的教育法还没有确立市一级的教育体系,但也为以后发展这一级教育体系打下了基础。只要各市遵守"全国教育方针与基础法"以及州教育体系的基本法,各市也可以制定有关的教育法。

1961年的"全国教育方针与基础法"既对教育发展确立了目标和原则,同时也充满矛盾,并且又被许多许诺和过多的修正打了折扣,因而,在其实施过程中仅仅部分取得成果。

此外,由于对该法的讨论持续过长,久而未决,在经过长达13年的讨论后才通过,因此,在该法颁布之时,该法的某些部分亦已过时了。这是因为巴西的经济发展使巴西社会发生了许多变化,而巴西的教育立法根本就无法预计到这种变化。因此,1968年颁布的"大学改革法",完全废除了1961年教育法中的有关高等教育的规定;1971年颁布的"第一级教育和第二级教育的指导方针和基础法",又废除了1961年教育法中的有关第一级教育和第二级教育的规定。实际上1961年的教育法,除了全国教育的目标、原则和总的组织准则外,其他部分均被以后的教育法所取代。

在教育行政地方分权化的过程中,尽管权力下放已至州一级,但联邦政府和教育委员会仍保留着很大的控制权。联邦政府掌握整个国家的教育政策,决定各级教育的立法标准;联邦教育委员会则确定基本的课程结构和要求、审定教师的资格、对联邦资金的分配提出建议等。实际上,联邦政府对教育的控制使地方组织只是在有限的范围内发挥其主动性或行使真正的自治。尤其在高等教育方面,联邦政府的影响处于主导地位,大学的领导、教师都要得到联邦教育委员会的认可,甚至大学课程的内容也要得到联邦政府的认可。此外,巴西的私立学校仍然保持在联邦政府的严格监督之下。

总而言之,富有创新精神的巴西第一部教育法,改革了巴西的教育制度,然而正如汉斯曼和哈尔指出的那样,"没有建立一个新的制度"。[①]

在 60 年代初,当古拉特总统开始进行激烈的改革时,巴西的右翼分子就进行了密谋,策划要推翻古拉特。由于严重的通货膨胀和国内的政治斗争,导致了历时两年多的政治和社会动荡以及经济危机。在这种经济和社会混乱之中,1964 年 3 月军人夺取了政权,结束了巴西战后短时期的议会民主,开始了一个军人独裁统治的时期。国家政体的改变,也极大地影响到教育发展,使教育逐渐转向适应新时期的发展阶段。

第二节　巴西军人执政时期的教育发展
(1964—1985)

从 1964 年到 1985 年这一阶段,在巴西先后执政的 5 位总统均为军人。在这长达 21 年的时间内,巴西处于军人统治时期。

在这一阶段内,军人政府将稳定巴西的政治和发展经济作为其主要任务。为了稳定政局,军人政府全面修正了宪法,颁布了"制度法",规定总统有权解散议会,有权剥夺公民的政治权利,使总统大权独揽。由于巴西民众对军人统治不满的日增加重而引起的社会动荡以及产生的经济问题,导致了军人控制一切,实施军人独裁的局面。这一时期巴西政

[①]　F.Haussman and J.Haar,Education in Brazil,Archon Books,Connecticut,1978,P.37.

治制度的特点是实行高度中央集权制,不讲民主;依靠镇压手段逼迫人民远离国家政治生活;强调国家安全;发展民族主义等。到了 20 世纪 60年代末,凭借高压政策,巴西军人政权趋于稳定。

然而,这一时期巴西执政的军人,已不同于过去那种代表封建寡头和外国资本利益的独裁者,他们具有振兴和发展巴西经济的愿望,他们依靠强权,大力推行资本主义的新的经济政策。在经济发展策略上,军人政府注重与一批高级技术专家合作,制定全国经济发展计划,并采取了一系列有利于引进外资发展民族经济的措施,控制了国内的通货膨胀,使巴西的经济出现了高速增长。从 1967 年到 1974 年,巴西的经济发展速度在世界上已名列前茅。1973 年,按国内生产总值计算,巴西经济实际增长了 14％,出现了所谓的"经济奇迹"。巴西经济学家西蒙森(M. H.Simonsen)认为,巴西的发展模式主要依赖于三大支柱:节俭、信赖、贸易。节俭就是保持高率储蓄,这样就有可能保证增长所需的财政投资;信赖就是保持一种理性的节俭环境,有利于生产者和投资者之间建立信赖关系;贸易就是保持贸易不断扩大,能够继续吸引新的投资和增加出口。[①]

巴西的这种发展模式,改变了巴西的国民经济。国民经济的发展又对教育提出了新的要求。在巴西,由于外资的引进,外国企业的增多,要求更多的企业管理人员;对工程师、技术员、文职人员和医生的需求也不断增加。对这些专业人员的需求,促使了巴西中等教育和高等教育有了相当大的发展。

从 1964 年起,巴西军人政府在稳定政局、发展经济的同时,为使教育从数量到质量都能提高,也作出了巨大努力。然而,巴西作为一个发展中国家,教育的不足不可能在短期内就能得到弥补,许多不能令人满意的状况还会存在下去。但是,有一点却是很明显的,即"巴西政府已决定

---

① Mario Henrique Simonsen,El Modelo Brasileño de Desarrillo,Ministério de Educacão e Cultura,MOBRAC,Rio de Janeiro,1973,P.22.

把教育从发展过程中的落后部门转变为最优先的部门"。[①]

因此,在巴西社会现代化计划中,教育已成为优先发展的一个部门。巴西教育的第一个十年计划就是在 1967 年制定的。这一计划使巴西的入学人数,尤其是私立中学和大学的入学人数大为增加,教育投资也有很大增长。

1965 年,巴西教育经费占国内生产总值的比率为 2.4%,到 1980 年已增长到 3.8%。此外,巴西政府还采取多种有效措施,增加对教育的投入,如建立全国教育基金会(基金来自于各级政府拨款、企事业单位赠予、金融机构贷款和国际组织资助等);建立"教育工资"制度(政府从各单位按工资总额的 1/12 征收教育经费);筹集社会资金(从体育彩票、欠税罚款等中提取一定份额作教育资金)等等。

从教育经费占联邦预算的总支出的比率上也可以看到巴西的教育经费有较大的增长。1964 年,巴西教育经费占联邦预算总支出的比率为5.6%,1982 年已提高到 8.8%,约为 350 亿克鲁赛罗。

在教育经费投入上的增加,也使得各级教育的入学人数有了极大的增长(见表 4—1)。

表 4—1 1960 — 1970 年各级教育入学人数及增长率

各级教育		小学	中学	大学	总数
1960 年	各级教育的学生人数(千人)	7 458	1 177	93	8 728
	各级教育的学生比率(%)	85.4	13.5	1.1	100.0
1970 年	各级教育的学生人数(千人)	12 812	4 086	425	17 323
	各级教育的学生比率(%)	74.0	23.6	2.4	100.0
增长率(%)		72	247	357	98

资料来源:MOBRAL,The Brazilian Adult Literacy Experiment,Educational Studies and Documents No.15,UNESCO,1975,P.9.

到 1981 年,巴西全国各级教育的入学人数已增加到 2 740 万人,与

---

① Mario Henrique Simonsen,Brasil 2002,Apec Editora S.A. Rio de Janeiro,1972,P.178.

1960 年的 8 728 万人相比,增加了 2 倍多。

各级学校学生入学率也有很大提高。初等学校学生入学率,1965 年为 54.7%,1980 年增长到 76.2%;中等学校学生入学率,1965 年为 36.1%,1980 年增长到 58.4%;高等教育学生入学率,1965 年为 7.6%,1980 年增长到 32%。每万人中,大学生人数 1960 年为 13 人,1981 年已增加到 117 人。在巴西,全国人口中的文盲率也有大幅度下降,巴西 15 岁以上人口的文盲率,1960 年为 39.4%,1982 年已降到 26%。

第三节　巴西军人执政时期的教育改革

(一)存在的主要问题

1. 教育与经济发展不相适应

巴西军人执政后,采取了"专家治国"的方针,积极发展外向经济,引进外资,发展国内企业,产品走向国外市场。到 20 世纪 60 年代末,巴西的经济发展十分迅速。经济的发展需要大量的专业技术人才,尤其是对中级技术人员和熟练劳力的需求十分迫切。

然而,长期以来,巴西的教育制度依然是受传统教育思想的支配,实施以进大学为目的的法国中学(lyceé)式的僵硬模式。虽然巴西早就实施了职业技术教育,但学习职业技术课程的学生的比例并不高,而在普通中学学习的学生超过 80%。数量如此之大的普通中学的学生,一方面不可能全部上大学,另一方面他们所学的课程又都是为上大学而开设的,因此,大量没有进入大学的人,缺少进入劳动市场必需的专门技能。结果,造成了中级技术人员和熟练劳力严重短缺的状况。正如 1971 年在圣保罗进行的一项人力资源调查报告所指出,巴西的人才结构严重失调,工程师与技工的比例竟然达到 5∶1,医生与护士的比例也达 2∶1。

2. 教育行政管理体制运行效益低

长期以来,巴西教育管理实施的是中央集权制的模式。联邦政府对教育具有极大的控制权。尽管1961年的教育法试图确立教育行政的地方分权制,但是联邦政府对全国课程结构、教师资格及学校类型的控制,使地方组织只是在有限的范围内发挥主动性或行使真正的自治。联邦政府和州政府在管理各自的教育体系中,主要依靠立法手段来进行,因而,在教育制度中充满了联邦和州的种种法规,这些法规多得会使外来观察家吃惊于巴西官僚机构对这一制度的主宰程度。另外,教育行政人员,尤其是州一级的行政人员经常调换,结果就使政策缺乏连续性,对于种种法规要经常重新加以解释。

3. 教育机会不平等现象严重

教育机会不平等的现象在巴西的各级教育中都是存在的,但是到了20世纪60年代,巴西高等教育中机会不平等的现象显得特别严重。由于巴西在读中学生人数的增加,造成了激烈的高考竞争的局面。尽管巴西高等学校发展较快,但仍不能满足需求,高校平均录取率为40%左右,有一些专业的录取率还不到20%(如生物专业、医学专业等)。

巴西高校招生实行的是选拔考试制,低于分数线的即遭淘汰。然而问题是,超过分数线的高考合格生的人数往往超过了大学所能容纳的数量,因而有许多合格的考生上不了大学,引起了学生和家长的不满,甚至举行示威,要求实施他们应有的权利。对于这部分高考合格而没有机会上大学的人,甚至已有了大家都熟知的专有名词"过剩者"(excedents)。

4. 学校教学质量问题

学校教学质量在很大程度上取决于教师。在巴西教育发展过程中,合格教师严重不足。在一至四年级的教师中,完全合格的教师不超过50%;在五至八年级的教师中,完全合格的教师还不到30%。巴西城市与农村的差别也相当大,在里约热内卢和圣保罗,小学教师基本上都具有教师证书,而在农村地区,不合格教师占多数,许多教师自己也只是读完小学,甚至有的教师还没读完小学。

通常,没有受过正规师范教育的教师,不了解学生学习的过程,不知道怎样激发学生的学习,他们往往用一种较死板的方法来教学生,注重一部分学习好的学生,而忽视了另一部分学得不好的学生。这就造成了巴西学校存在的高留级率和高辍学率。据一份统计材料表明,巴西每1 000名一年级学生,只有一半人升入二年级,读完八年级的人只有170人。

(二)重大的教育改革

20世纪60年代末至20世纪70年代是巴西教育大发展的时期,同样也是教育大改革的阶段。在巴西军人执政的这一时期,从高等教育到初等教育和中等教育、从教育行政管理到学校课程和教学内容,都进行了全面的改革。

在一系列的教育改革中,1968年颁布的"大学改革法"和1971年颁布的"初等教育和中等教育改革法"最为重要,对巴西的教育发展起到了极为明显的促进作用。在这些重要的教育改革法中,一方面表明了巴西政府对教育发展的关注的程度,另一方面也反映了巴西政府在教育改革中对政治和经济方面的考虑是极为明显的。

1. 1968年的"大学改革法"

在20世纪60年代中期,巴西高等教育的供求矛盾较为突出,许多中学毕业生由于种种原因,没有机会进入他们向往的大学。因而高等教育在数量上和种类上的普遍不足,直接影响到了巴西最活跃、最激进的青年学生。

在巴西,学生团体的活动一直令政府头痛。在军人执政时期,学生与军政府常常产生冲突。军政府认为学生团体的活动极具煽动性,是一种具有潜在危险的不稳定因素,因此,军政府首先采取了高压政策,剥夺了学生参加政治活动的权利。在军政府依靠强权控制了学校之后,也试图作些弥补,至少是对学生不满中的那些合理的方面。在这种背景下,出于政治稳定的考虑,巴西军政府提出了改革和发展高等教育的政策。因此,"大学改革法"于1968年颁布,比1971年的"初等教育和中等教育改革法"还早了3年。

尽管巴西1968年"大学改革法"的颁布,在很大程度上被认为是一项"政治性"的决定,[①]但是1968年的"大学改革法",确实已成为巴西高等教育政策的基石,促使巴西高等教育向现代化方向发展。

1968年的"大学改革法",着重改革了以下几个方面:

(1)加强对高等教育经费的投入,大力发展高等教育。联邦政府为联邦所属的高等教育机构提供了几乎全部经费的来源,此外,联邦资金也少量分配给州立和私立学校,通常是为了资助贫穷学生。从教育部的预算分配给高等教育的资金情况来看,尽管每年增长的比率不同,但最低也是在6%以上。高等教育的经费在教育部总预算中占的比率,最高达61.8%,最低也占41.3%。

在对高等教育增加经费投入、大力发展高等教育的政策下,巴西的大学生人数也有极大增长,大学生人数在5年中就翻了一番(见表4—2)。

表4—2 巴西大学生人数(1969—1974年)

年 份	每年可招收新生的名额	总入学人数	毕业生
1969	143 008	342 886	44 709
1970	185 277	425 478	64 049
1971	221 645	561 397	73 453
1972	280 209	688 382	97 637
1973	320 476	811 237	129 122
1974	348 749	867 200	150 178

资料来源:Ministério da Educação e Cultura,Catālogo Geral das Instituições de Ensino Superior,Brasilia,MEC,1974.

---

① Fay Haussman and Jerry Haar,Education in Brazil,Archon Books,Conncticut,1978,P.126.

（2）调整传统的学科结构，以适应经济发展的需要。长期以来，巴西高等教育注重的是以法律、医学、文科为主的学科，在这些学科专业注册的学生占绝对多数。20世纪60年代末，巴西经济的发展，对高等教育提出了新的要求。1968年的"大学改革法"明确提出要对传统学科课程进行改革，以适应经济发展以及国家现代化的需要。对某些专业学科（如医学、工程学等），联邦教育委员会决定不允许增加现有学校的数量；对某些专业学科（如企业管理、经济学等），则采取鼓励、扶植的方针，因而，企业管理和经济学逐渐取代了法律学，成为最受欢迎的学科。从1964年到1974年的11年间，在这两门学科注册的人数就增加了4倍之多（见表4—3）。

表4—3　巴西高等学校各专业入学人数（1964 — 1974年）

年份	商业、经济学		医学		工程学		法律		哲学、自然科学文学、教育	
	（人数）	（%）	（人数）	（%）	（人数）	（%）	（人数）	（%）	（人数）	（%）
1964	16 918	14.7	14 183	12.3	20 701	18.0	30 974	26.9	32 396	28.1
1965	19 751	15.5	15 574	12.4	21 986	17.3	33 608	26.4	36 314	28.5
1966	24 027	16.1	17 152	11.5	26 603	17.9	36 363	24.4	44 802	30.5
1967	28 463	16.5	20 448	11.9	28 839	16.7	41 800	24.2	52 802	30.6
1968	36 796	16.0	25 226	11.0	37 552	16.4	52 856	23.0	76 799	33.5
1969	30 642	12.5	27 726	11.3	26 015	10.6	60 525	24.6	100 984	41.0
1970	40 453	13.4	32 287	10.7	33 783	11.2	71 236	23.6	123 384	41.0
1971	52 218	14.7	30 990	8.7	39 433	11.1	76 906	21.6	156 187	43.9
1972	61 793	15.2	34 758	8.6	47 625	11.8	78 340	19.3	182 446	45.0
1973	75 991	17.6	35 357	8.2	51 851	12.0	79 621	18.5	188 441	43.7
1974	85 212	18.4	39 851	8.6	59 615	12.9	81 564	17.6	196 707	42.5

资料来源：SEEC//DAU/MEC.

（3）改革大学招生制，扩大招生名额。在巴西，高校招生完全按考生在入学考试中的成绩来决定。巴西大学入学考试创立于1911年，原先是对申请中学毕业证书的考生进行遴选的国家考试，后来这种考试演变成大学入学考试。1961 年的教育法规定上大学必须要进行入学考试,各高校均有举行入学竞争考试的自主权。由于要求上大学的人数一直超过招生规定的名额,因而大学入学考试就成了一种限制而不是选拔够条件学生的过程。

在这种情况下,考生只得依赖于大学考试的补习班。这类补习班是私人开办的,以赢利为目的,主要是帮助考生如何应付大学入学考试。补习班的盛行,反映了巴西教育存在的许多弊端:招生名额太少,不能满足需求;入学考试是录取学生的惟一根据;中等教育没有使学生作好上大学的准备等等。

根据 1968 年的"大学改革法",巴西教育部从 1971 年起,着手改革大学招生制度,试图使大学招生制趋于公平化和科学化。改革大学招生制度的主要方面有:

1)将原来的淘汰制改为分级制,废除了那种任意定出及格分数线的办法,按照学校能够容纳的新生数来录取考生。

2)采用了标准化评分的考试,使考试的评分更为客观和科学。

3)修改了考试内容,使考试内容与中学里所学的东西统一起来,以此来消除考生对高考补习班的严重依赖。

4)逐步实行统一的入学考试。以前由各大学自行规定考试科目和内容,改革后,逐渐以地区一级来实施统一考试。从 1972 年起,大里约热内卢地区实施了统一的考试,共有 50 多所高等学校参加了这一网络,其中有公立学校,也有私立学校;有综合性大学,也有独立学院。考试由联邦政府主办的"大里约热内卢高校考试中心"负责进行。联邦政府将该考试中心作为样板,要求巴西其他地区也采用这一模式。

在大圣保罗地区,也实行了统一的入学考试,但统一考试是由私立经办的测试和研究组织"卡洛斯·沙加斯基金会"来承办的。这些地区性的考试中心,负责编写一些考试的指导材料,在考试报名时就发给考生,使考生了解考试的大致范围,以减轻考生对考试的紧张程度。

1968 年的"大学改革法"作出许多促使大学现代化的规定,除了上述的改革外,还取消了大学中半自治的院系;改革了评价学生的方法;实行了学分制;实施教授等级制等。总之,1968 年的"大学改革法"确定了巴西高等教育向现代化发展的方向,极大地促进了巴西高等教育的发展。

2. 1971 年的"初等教育和中等教育改革法"

像巴西这样的发展中国家,在经济快速发展时期,除了需要大量的高级人才外,迫切需要的还是更多的中级技术人才和熟练工。但是,巴西的中等教育,长期遵循传统的教育观念,在培养人才的主体目标上,依然是以升大学为主导,再加上当时高等教育的快速发展,造成了巴西人才结构的严重失调,高级人才远远多于中级人才。此外,在初等教育如何与中等教育衔接方面、课程内容如何更新方面也都存在很多问题。因此,在 20 世纪 70 年代初期,如何对不适应巴西经济发展需求的基础教育进行彻底改革,已成为巴西政府的首要大事。

巴西政府组织了一些调查委员会,对巴西的教育现状进行全面的调查和分析,并论证了进行全面改革的必要性。其中有份调查报告,较尖锐地指出,教育的发展应该服务于国家的经济模式,应为国家的经济发展提供熟练劳力,教育改革必须遵循两个重要原则,即学校的效率和效益原则。这也充分表明,巴西政府对基础教育进行的改革,从经济发展方面的考虑是极为明显的。

在这种背景下,1971 年 8 月 11 日,巴西颁布了第 5692 号法令,对初等教育和中等教育进行根本性的改革,从而开始了巴西教育史上最重要的一次改革。

1971 年的"初等教育和中等教育改革法"着重改革了以下几方面:

(1)延长了义务教育的年限。1971 年前,巴西的义务教育年限为 4 年,1971 年的"教育改革法"规定,7 至 17 岁的孩子必须接受持续 8 年的初等教育,从而将原来的 4 年义务教育延长到了 8 年。

(2)改革了学制结构。1971 年前,巴西的初等教育为 4 年;中等教育包括初中 4 年,高中 3 至 4 年。1971 年的改革,将原来初等教育 4 年与初中 4 年合并在一起,改称为"第一级教育",也可称为"初等教育";将原来的高中教育,改称为"第二级教育",也可称为"中等教育"。学制的改革,一方面是为了实施 8 年的义务教育,另一方面取消了过去在小学 4 年级就过早地进行选择性分轨教育的考试。

（3）重新确定教育目标。1971 年前,虽然在中等教育阶段设有不同类型的学校(普通、师范、商业、工业、农业学校),但是,在这些学校毕业的学生中,约有 90％的人却都是以升大学作为目标,也就是说,中等教育并没有成为终结性的教育。1971 年的教育改革法提出了"发展学生个人才能,为今后的工作提供某些资格或准备,并使学生了解公民的权利和义务"这样的新的教育目标。这一教育目标,是对过去在初中阶段就致力于为上高中和上大学作准备的这一弊端的批判,试图在第一级教育和第二级教育结束时,就使学生为工作和生活作好基本的准备。

（4）改革课程内容,实行综合教育。为了使各级教育的毕业生都能适应劳力市场的需求,在就业前能受到基本的专业或职业方面的训练,1971 年的"教育改革法"强调要对原来的课程体制进行改革,实施普通教育和职业教育相结合的体制,对课程的结构作了较大的变动,使第一级教育和第二级教育都具有终结性教育的性质。在普通学校必须传授基本的职业科目的政策下,学校的核心课程中包括了专门的实践课程,在五年级和六年级,学生要熟悉 4 种职业领域或技术领域(工业、商业、农业和家政),并选择其中最适应其发展的一种,在七年级和八年级最后两年里集中学习。

这种用必修的实践课程来补充普通教育的课程,目的就是要达到以下两个目标,即一方面为学生进一步受教育作好准备,另一方面也为他们劳动就业作好准备。这样,愿意而且能够继续学习的学生,可以像从前一样进入第二级教育,最后进入大学;而大多数读完八年级就意味着学业结束的人,则只要再接受最低限度的一点职业培训就可以进入劳力市场。因此,第一级教育既是"过渡性"的,又是"终结性"的。

在第二级教育中,其目的是了解和培养学生的专业技能,课程中专业化教育比重增加了,专业化内容加深了。专业课也成为必修科目的一部分。

(5)在正规教育系统中建立补充教育体系。1971年的教育改革法,首次创立了一种非正规教育的"补充教育"体系。这种补充教育体系,在整个教育系统中既与正规学校教育系统并列,又与正规教育系统相衔接。补充教育的目的是让那些在相应学龄期没机会上学或没完成学业的青少年和成人能够完成其学业,并为那些已全部或部分地完成学业的人提供进修和更新知识的机会。

补充教育的形式较灵活,其结构、学制可以根据学习目的和学生的特殊情况进行安排。除了进行班级授课外,也可以通过广播、电视和函授等形式授课。通过这些课程的学习,许多人又获得了回到正规学校系统学习的机会,也有许多人受到了职业技术方面的再教育。

此外,还有巴西扫盲运动(MOBRAL),这是巴西著名的民众识字运动。开始时,这一运动只是一种单纯的扫盲运动,但后来已逐步扩大为各种与社区有关的教育和文化计划。巴西扫盲运动的开展,对巴西非正规教育以及正规教育都产生了巨大影响。

第四节　巴西军人执政时期教育发展与改革的主要特征

在军人执政时期,巴西的教育发展和教育改革,在巴西教育史上留下了深深的印记。这一时期巴西教育发展和改革的特征也十分明显和突出,主要有:

（一）重视教育与经济发展的关系

在军人执政时期，巴西政府强有力地推进了新的经济发展政策，在60年代末、70年代初出现了所谓的"经济奇迹"。在这一发展过程中，巴西的教育思想和发展战略均发生了重大转变。

在战前和战后的长时期中，巴西的教育一直是受到注重普通教育的、为上大学而准备的传统教育思想的支配。虽然曾提出过一些改革的方案，但在教育思想上并没有发生重大变化。在军人政府执政时，重用了一批经济学家和技术专家，他们从经济学的观点来分析教育，从国家经济发展的角度提出了教育的首要功能是要满足经济发展的需求。因此，在教育发展战略上也出现重大转变。指导教育改革的主导思想是在各级教育中推行职业技术教育，从根本上解决教育不适应巴西经济发展的需要的矛盾。

（二）优先发展高等教育

在军人执政时期，巴西的教育有了极大的发展，其中高等教育的发展特别引人瞩目。

这一时期巴西高等教育的发展是军人政府实施优先发展高等教育的策略的一种结果。当时，巴西军人政府面临国内巨大的要求上大学的压力，出于政治上的考虑，为稳定青年人的情绪，巴西政府不得不加速发展高等教育。再则经济的快速发展，也促使政府采取这一政策来培养大量高级人才。然而，由于国家的财力有限，于是巴西政府采取了大力发展私立高校的策略，一方面弥补国家发展高等教育的不足，另一方面又满足了人们上大学的需求。因此，巴西政府优先发展高等教育的政策，极大地促进了高等教育的发展，形成了这一时期巴西教育发展过程中的一大特征。

（三）进行重大的教育改革

军人执政时期，是巴西教育大改革的一个时期。巴西一系列的重大教育改革都发生在这一阶段。

巴西政府为适应政治与经济发展的需要，对教育制度进行了全面的改革。除了颁布了高等教育改革法外，还颁布了初等和中等教育改革法。这些重要的法律的颁布，使巴西教育体制、课程内容、教育思想等产生了重大变化，使巴西的教育逐渐向现代化的方向发展。其中改革最为显著的是，在第一级教育和第二级教育中的所有学校都推行职业教育，实施普通教育和职业教育相结合的方针。

（四）普及初等教育没有受到应有的重视

在军人执政时期，对发展高等教育、调整中等教育结构、改革课程内容等方面，巴西政府采取了许多措施。确实，在这些方面也取得了巨大成果。然而，在这一时期巴西教育发展与改革的过程中，一个显著的失误就是忽视了初等教育，这一状况，为以后巴西的教育发展种下了一颗恶果。

据巴西的研究报告揭示，1983年巴西7至14岁儿童的入学率只达67.4％，而在东北地区甚至连50％也没达到。更为严重的是巴西小学的留级率和辍学率一直居高不下，成为巴西教育中的一种痼疾。就连巴西教育部长也不得不承认，巴西初等教育的这种状况是巴西教育制度的失败。

虽然巴西政府对这一方面已有所认识，在教育改革中也下放了对初等教育的控制权，但并没有下放对维持和发展初等教育所必须的人力、物力资源的控制权，而各级政府又削弱了他们以前对扩大基础教育机会所承担的义务。这样，在20世纪80年代，巴西经济不景气的时期，初等教育的问题更是雪上加霜，使巴西确定的在本世纪内普及义务教育的承诺不可能兑现。

（五）教育机会不均依然很严重

巴西军人政府制定的发展策略带来了经济的大发展,然而巴西人的收入并没有实现真正的重新分配,地区之间以及地区内部在社会福利、经济收入方面的巨大差异没有缩小。在教育上,这种差异也是十分明显的。

巴西北部地区和东北地区的教育与巴西南部地区和东南地区教育,在教育投入、教育设施、教育条件、教学质量等方面存在的差别极大。即使在同一地区,城市与农村的教育差别、公立学校与私立学校的差别依然很明显。在巴西教育存在的这种差别的状况中,中上层的子女受益最大,而下层的子女由于不利的家庭经济状况,或处于教育不利的状况或失去了受教育的机会,产生了严重的教育机会不均的情况。教育机会不均的一个突出现象是,在中等教育中,富有阶层的子女为了能升入大学,纷纷涌向教学条件优越、教学质量上乘的私立学校,而中学毕业后,他们却涌向办学条件好,具有学术威望的公立大学,占有了公立大学的多数名额(在巴西,公立学校全都实施免费教育)。相反,低收入家庭的子女,由于没有经济实力,不可能选择私立中学,只能进教育质量一般或较差的公立中学,这就使他们在高考竞争中很早就处于劣势,他们为了能读大学,只能进入教学质量普遍较差的私立高等学校,享受不到国家提供的教育资源。这种教育不公的怪现象,集中体现了巴西教育的特点。

第五部分　巴西现行教育制度

第一节　巴西的教育原则、目的与目标

（一）教育原则

巴西的宪法是巴西教育性质所依据的根本大法。尽管在巴西历部宪法中对教育规定所作的阐述有所不同，但在巴西宪法中确定的总的教育原则，一直是巴西全国教育的指导方针。

根据巴西 1988 年的宪法中确定的教育原则，教育是人人享有的权利，是国家和家庭的责任，是靠社会合作来促进的。教育的目的是充分发展人，培养个人履行公民职责，并使人们能胜任其工作。[①]

巴西 1988 年的宪法第八编第三章中，从第二百零五条到二百十四条，对巴西的教育作了全面的规定，确立了巴西的教育原则主要有：[②]

1. 入学与受教育的机会均等。

2. 教学自由，研究自由，传播思想、艺术、知识自由。

3. 意识形态和教育思想多元化以及公、私立教育机构并存。

4. 公立学校实施免费教育。

5. 提高教师地位，通过立法手段，保障教师工作和最低工资并全部

---

① Constituição，República Federativa do Brasil，1988，Titulo Ⅷ，Capítulo Ⅲ，Art，205.

② Constituição，República Federativa do Brasil，1988，Titulo Ⅷ，Capítulo Ⅲ，Art，206—214.

通过公开招考和参阅履历来招聘教师。

6. 公共教育行政管理民主化。

7. 大学在教学、科研、管理、财政上享有自治权。

8. 确保各级教育的质量标准。

9. 实施免费义务初等教育,包括对那些在适龄时期没有机会入学的人。

10. 逐渐延长和扩大免费义务教育至中等教育。

11. 给残疾人提供特殊教育,最好是在正规教育体系中进行。

12. 帮助 0—6 岁的婴幼儿进托儿所和幼儿园。

13. 根据各人的能力,使每个人都能接受更高的教育。

14. 开设适合学生状况的正规夜校。

15. 通过提供教材、车辆、营养和健康照顾等方面的补充计划来帮助基础教育中的学生。

16. 联邦、州、市的教育体系应进行合作。

17. 市政府的优先活动是初等教育和学前教育。

18. 依法制定的全国教育计划是以多年度为基础的,目的是要使各级教育联系起来共同发展并使政府部门采取统一行动以及实现:

(1)扫除文盲;

(2)人人都能入学;

(3)提高教育质量;

(4)为劳力市场提供人员培训;

(5)促进国家人文与科技的发展。

(二)教育目的与目标

根据宪法的规定,巴西联邦政府负责制定全国教育方针与基础法、制定和协调全国教育计划。联邦政府也给各州和市提供技术和财政资助来发展州和市的教育体系,并优先资助义务教育。

巴西各州在履行其教育职责时,在遵守联邦宪法和其他法律的基础上，也可以制定州教育体系补充性的法律。

根据巴西宪法确定的教育原则精神，巴西联邦政府通过立法机构制定并颁布指导全国教育的基本法——"全国教育方针与基础法"（Lei das Diretrizes e Bases da Educação National）。

"全国教育方针与基础法"是巴西第一部普通教育法，于 1961 年作为第 4.024/61 号法令颁布的。该法的颁布，富有创新性地改革了当时的巴西教育制度。该法最具意义的特点是规定了教育系统的组织和管理实施地方分权制，各州均有组织各自教育体系的权利。

1961 年的"全国教育方针与基础法"是在经过长达 13 年的议会辩论后才得以通过的。然而，随着 20 世纪 60 年代末、20 世纪 70 年代初巴西社会与经济的发展，该法在有些方面明显不合时宜了。因此，巴西又颁布了若干修正法令。

1968 年 11 月 28 日颁布了"大学改革法"（第 5.540/68 号法令），废除了 1961 年"全国教育方针与基础法"中关于高等教育的部分，重新建立了适应社会经济发展的高等教育结构和功能的准则。

1971 年 8 月 11 日颁布了"初等教育与中等教育法"（第 5.692/71 号法令），重新规定了初等教育和中等教育的方针和基础。

1996 年 1 月 13 日颁布了新的"全国教育方针与基础法"（1996 年第 30 号法令）。

根据新的"全国教育方针与基础法"的规定，巴西教育目的主要有：①

1. 了解个人的权利和责任以及公民、国家和其他社区组织的权利和责任。

2. 尊重人的尊严和基本自由。

3. 加强全国统一和国际团结。

4. 充分发展人的个性并使人们参与公共福利的工作。

---

① Diretrizes e Bases da Educação National，Senado Federal，Comissão Diretora，Parecer N.o 30，1996.

5. 培养个人及社会掌握科学与技术资源以尽可能地享用公共福利。

6. 保护、传播和发扬文化遗产。

7. 取消任何由于哲学思想、政治或宗教信仰以及任何阶级和种族偏见所产生的不平等的待遇。

巴西总的教育目标因与学生的成熟程度和年龄阶段有很大关系,所以目前的教育法为各级教育规定了明确的目标。

初等教育对所有 7—14 岁的儿童均实施义务教育,所有公立学校均为免费教育。新宪法没有提出年龄限制,规定了公立学校教育对所有的人都是免费的,包括以前在适龄时期没有机会入学的那些人。初等教育的目标是要提供必要的条件来发展学生的潜力,使学生具有自我完善、工作培训和公民意识训练的基础。

中等教育在公立学校也是免费的,尽管还不是义务的。中等教育的目标是要全面发展青少年,包括初等教育目标中的成分以及工作培训。各学校有权选择和决定。

高等教育的目标是要发展自然科学、人文艺术、培养大学程度的专业人员并从事研究,高等教育在所有公立学校均为免费。

第二节　巴西的教育制度结构

(一)教育结构层次

巴西教育制度分为三级:初等教育(第一级教育)①、中等教育(第二级教育)②、高等教育(第三级教育)③。高等教育包括两个不同的程度:本

---

①　②　③　巴西在许多文献中将初等教育称为第一级教育,中等教育称为第二级教育,以及将小学称为第一级学校,中学称为第二级学校。为统一起见,我们仍将巴西的第一级教育称为初等教育,第二级教育称为中等教育。学校也类似。——作者。

科生教育和研究生教育。学前教育或幼儿教育也属于正规教育制度,目的是向 7 岁以下的儿童进行教养(见巴西现行教育制度图)。

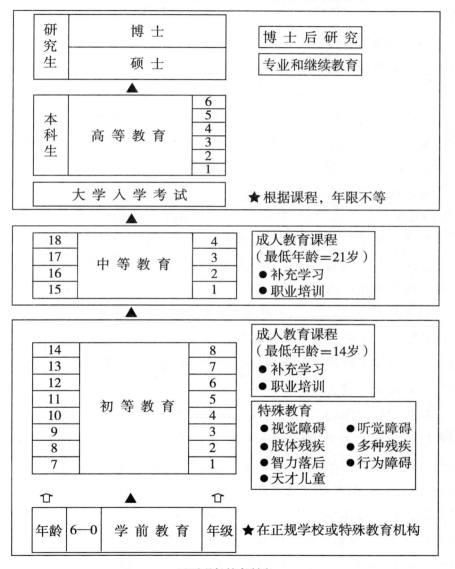

巴西现行教育制度

资料来源:The Development of Education,National Report,1992—1994,Ministry of Education and Sports,Brazil,P.15.

为了使在适龄时没有机会读完正规教育的青年或成人都有可能继续受教育,巴西的教育制度也包括了其他形式的教育,如补充教育、职业培训等。

根据巴西教育法的规定,巴西正规的学年至少应安排 180 个学日,其中不包括测验和考试的时间。新的"全国教育方针与基础法"规定了正规学年为 200 学日。

巴西的学前教育已越来越受到重视。在正规教育制度中,学前教育的主要目标是要促进儿童动作技能、认知、社会情感、语言等各方面的发展;创建获得知识的各种环境。学前教育包括有三种机构,为不同年龄的儿童提供不同的照顾和教育:①为 2 岁前的儿童开设托儿所;②为 2—4 岁的儿童开设幼儿园;③为 4—6 岁的儿童开设学前学校。

特殊学前学校的教育也要遵循初等教育确定的相同规定,同时也保持其特殊性。学前教育这三类机构的入学,家长是可以选择的,招收的人数取决于各机构的规定的名额。

初等教育(小学),7—14 岁是义务的,包括 8 个年级,每学年至少有 800 个学时。进入小学一年级必须年满 7 岁,但有的教育体系也可以提前入学。对于超过这一年龄段的人也允许注册入学,但年满 18 岁,学生必须要到成人学校去学习。

初等学校的课程是由共同核心课程和多样化课程两部分组合而成。巴西联邦教育委员会规定,共同核心课程在全国范围内均为必修课程,这样可以保证全国的统一。共同核心课程包括葡萄牙语、社会学科(历史、地理、公民、巴西社会政治组织)、物理、生物和数学等。多样化课程是根据各种教育体系以及各所学校的需求来确定,主要是考虑到地区和地方的特点、学校教学计划以及学生的个别差异和能力的不同。虽然各学校可以各自确定多样化课程的开设,但各学校必须要符合各级教委(联邦、州)的规定。

学生的成绩评定在学校中有明确规定,包括学习评定(评等或打分)

和出席情况。一般来说,学校规定的最低要求是要达到 75% 的出席率。

在农村,学校可以根据播种和收割季节来安排其学期,但要经过教委的同意和批准。

中等教育(中学)的入学要求是小学毕业或相当于补充教育的同等程度。同样,在中学阶段,在达到规定的年龄(21 岁)后,学生应到成人学校去学习补充课程并参加相应的考试。

中学头三年共安排 2 200 学时,后一年或两年是学习专业课程。年限要根据联邦教委给各领域规定的课程性质和基本内容来定。中学毕业是进入高等院校的条件之一。另一方面,劳力市场也需要招收大量中学毕业生或受过相当的职业培训的人。中学里的职业培训,可以为某一职业培训,也可以作为一种基础,为某个经济部门培训。

高等教育是在独立的学院或大学中进行。学院基本上是培养某一门或两门专业的人员,而大学则在基础知识领域、知识本身及其运用上提供更为广泛、更为完整的教育。大学除了教学外,还开展各种研究,同时也为社会开设所需的课程。

巴西高等教育由两个层次组成:本科生教育和研究生教育。研究生一级又可以分为专业进修教育课程(lato sensu)和硕士、博士学位课程(strict sensu)。

在中学毕业后,想读大学的人必须参加大学入学考试。各大学的学习年限各不相同,主要是根据所学课程的规定。研究生的入学要求是大学毕业并通过各学校规定的选拔过程。要取得硕士和博士学位都要提交学位论文并通过论文答辩。

(二)教学计划

和许多国家的做法一样,巴西教育部①也不制定全国范围的教学计

---

① 巴西联邦政府中主管教育的部门以前的名称是"教育与文化部",现改为"教育与体育部",为方便与一致,我们在读书中境一称为"教育部"。——作者。

划,但教育部通过法律或其他规定为教学计划确立一些指导原则。

对初等教育,联邦教育委员会有权确定必修的、全国性的共同核心课程,并规定了课程的目标和范围。州教育委员会可以安排学校课程中多样化部分的课程。

对高等教育,联邦教育委员会有权为各专业确定基础的课程,但并不制定教学计划。

因此,在巴西,根据现行法律,教育内容或教学计划并不是用法律来规定的,而是由各个教育体系(联邦的、州的)或甚至是由各个学校自己决定的。

(三)教师培训与资格

巴西教师和教育专业人员的培养是通过不同的途径进行的,主要有两种模式:一种是在中等专科学校中进行,另一种是在高等教育机构中进行,视培养目标的不同而不同。

1. 中等专科学校(师范学校),学制 3 年,培养小学一至四年级的教师。

2. 中等专科学校(师范学校),学制 4 至 5 年,培养小学五至六年级的教师以及学前教育和特殊教育的教师。

3. 高等学校,学习本科课程和专业课程,培养小学七至八年级的教师和中学教师,有的也培养学前教育和特殊教育的教师。

4. 高等学校,学习研究生程度的教育专业进修课程,培养大学本科的教师。

5. 高等学校,学习硕士和博士学位课程,培养各学科领域的研究人员和教师。

除了这些职前培训包括的课程外,巴西也提供另一些职后培训课程(通常是在学校假期中进行,适合于进修的教师和专业人员)。此外,对于还没有达到最起码的学历的教师,也有机会进行专业培训。

第三节　巴西的教育行政管理与财政

（一）教育行政管理

根据巴西宪法的规定，巴西的教育行政体制分为三级：联邦一级、州一级和市一级。

在联邦一级，巴西的教育部是巴西全国教育系统中的最高行政当局，是负责全国教育政策的最高机构。教育部主要负责政策的制定、执行和评价以及制定计划和实施行政管理。

巴西的教育部建立于1930年。多年后，巴西教育部已扩大成一个庞大而复杂的机构，有70多个司长和负责人直接对教育部长负责，然而，教育部内的组织单位相互之间很少有沟通和协作。因此，在70年代初，巴西教育行政机构进行了重大改革，改革的重点一是下放权力，使行政管理组织的职能更为明确；另一是精简机构，消除臃肿重叠的机构。

改革后的教育部主要由三部分机构组成：①决策机构和直接帮助教育部长的单位；②负责行政、计划、经费的机构；③具体事务、各级教育、辅助性服务项目的行政管理机构（大多数机构为司）。

巴西教育部的基本组织结构由以下一些机构组成：

1. 集体决策机构和直接帮助教育部长的单位

（1）联邦教育委员会

（2）联邦文化委员会

（3）全国道德和公民权利与义务委员会

（4）农村大学培训和乡镇活动中心促进委员会

（5）国际事务委员会

（6）社会福利服务部长顾问团

——全国社会服务委员会

——全国体育委员会

(7)司法顾问委员会

(8)安全情报部

(9)全国教育发展基金会

2. 负责计划、协调和经费控制的单位

(1)总秘书处,负责计划、综合、安排、协调和评价的单位。

(2)行政助理秘书处,负责对中层行政机构进行规划和协调。

(3)经费总办公室,统一负责行政管理经费、会计和审计,并与总秘书处一起监督计划和预算的执行情况。

3. 负责各级教育、辅助性服务项目的单位

(1)初等教育司

(2)中等教育司

(3)大学事务司

(4)补充教育司

(5)体育运动司

(6)文化事务司

在教育部里,还有一些半自治的单位,如全国教育研究所、高教师资提高协调办公室等。

在教育部的各单位中,联邦教育委员会的职能非同一般。联邦教育委员会是制定全国教育系统(公立、私立、宗教与世俗、各级各类所有的教育)规范的最高机构。

联邦教育委员会负责规定原则,制定标准,在行政管理范围之内代表官方解释所有有关全国教育方针与基础法。各州教育委员会必须服从联邦教育委员会的决定。此外,教育部在作决策时,联邦教育委员会提供法律方面的咨询服务。

联邦教育委员会是根据1961年的"全国教育方针与基础法"建立的。

联邦教育委员会由巴西总统任命的 24 位教育专家组成,任期为 6 年,每两年更换三分之一的成员。联邦教育委员会下设初等和中等教育室、高等教育室和法规委员会三个机构。作为负责解释教育法规的官方机构,联邦教育委员会对提交处理的各种案例作出裁决,并详细说明整个国家的教育法。

虽然大学在学术方面、行政管理方面、经费方面都是自治的,但大学仍然要接受联邦教育委员会的法律管辖,特别是各大学的章程必须得到联邦教育委员会的批准。任何一所大学,如果被发现违反了法律、法规或其他规定,联邦教育委员会可以剥夺其自治权。

对州和市设立高等学校的批准权属于州教育委员会。不过联邦教育委员会拥有鉴定这些学院是否合格的权利。

在州一级,也存在与联邦机构组织相类似的情况。州教育厅负责行政管理,州教育委员会负责教育规范方面的事务。

在市一级,市还没有形成单独的教育体系,而主要是州教育委员会下放一部分的权力给市。市教育行政机构负责单位是市教育局,以及与州教育委员会起相同职能的市教育委员会。从巴西教育发展的趋势来看,日益增长的倾向是形成市教育体系。

巴西教育制度的行政管理和规章制度的制定是由联邦、州和市这三级政府机构实施的。这三级机构共同承担了巴西全国教育事业的责任。当然,根据巴西现行法律,私人企业也完全有自由开设各级教育。

巴西联邦、州和市这三级教育行政管理机构都具有各自的教育体系和管理范围。巴西初等教育的主要责任由州和市政府承担,中等教育主要由州负责,高等教育主要由联邦政府负责。但是,巴西许多州除了负责初等教育和中等教育外,还负责管辖各州自己建立的大学。联邦政府也一样,除了负责管理联邦大学外,也负责管理联邦政府的中学、技校以及少量的小学。

总之,在巴西各级政府活动范围中,各级教育体系运行的方式较有特色,即巴西各级教育活动和学校都是由规范机构(各级教育委员会)和执行机构(教育部、厅、局)共同管理和协调的。

(二)教育财政

在巴西,各级各类教育的经费主要有两大来源:一是公共资金来源,这是通过联邦政府、州和市政府,以直接和间接的方式提供的财政资助;另一是私人资金来源,这类资金来自家庭、社团以及私人企业。

1. 联邦政府

联邦政府主要是通过以下三种方式来向教育提供资金的:

(1)固定分配资金

固定分配也就是联邦财政税收预算分配。根据1988年联邦宪法第二百一十二条,联邦政府必须将每个财政年度总税收不少于18%的资金用于维持和发展教育。

(2)承担的资金

承担的资金包括有很多方面,主要有:

1)社会投资基金(FINSOCIAL)所承担的资金。这是从企业、财政机构、保险公司以及其他同类机构总收入中提出0.5%,或是从第三部门税收中的0.5%拿出来资助教育部门。这部分资金主要用于资助学生项目上,尤其是用于支付学校学生午餐、教科书、教具和交通费用等方面。

2)教育促进特别税(Educational Incentive Contribution)所承担的资金。这是由工商企业支付的总工资额的2.5%附加税所提供的资金以及由第一部门的企业、农场和农业公司总收成值的0.8%附加税所提供的资金。这部分资金规定专门用于初等教育,联邦政府负责管理这部分资金总数的三分之一。

3)贷款

4)彩票税收(净收入的30%)

5)社会发展资助基金(FAS)

6）社会应急基金

（3）其他资源

1）直接资助

2）多种形式资助

2．州政府

州政府主要通过以下四种方式来向教育提供资金：

（1）预算资金

州预算资金包括以下两部分：

1）州税收中国定的预算资金。根据1988年联邦宪法第二百一十二条，州必须将总税收不少于25％的资金用于维持和发展教育。

2）州参与资金（FPE）。这部分资金是联邦政府拨转的。这部分资金总数的25％必须用于教育。

（2）拨转资金

这部分主要是教育援助项目中联邦承担的份额拨转资金。

（3）承担的资金

这部分资金来自于教育促进特别税，相当于州收缴总数的2/3。这部分资金必须用于初等教育。

（4）其他资源

1）社会投资基金

2）贷款

3．市政府

市政府主要通过以下三种方式来向教育提供资金的：

（1）预算资金

市预算资金包括以下两部分：

1）市税收中固定的预算资金。根据1988年联邦宪法第二百十二条，市政府必须将总税收不少于25％用于维持和发展教育。

2）市参与资金（FPM）。这部分资金总数的25％必须用于基础教育。

（2）拨转资金

这部分资金主要来自于：

1）教育促进特别税——州承担的部分

2）教育促进特别税——联邦承担的部分

3）州预算

4）联邦预算

5）农村土地税

（3）其他资源

1）社会投资基金

2）贷款

第六部分　巴西扫盲运动（MOBRAL）

第一节　巴西扫盲运动兴起的背景

（一）文盲人数的增长

由于文盲一词具有的相对性，人们较难确定哪些人是文盲。在许多国家中，仅仅会读和写一段文字就被作为是脱盲的标志。在发达国家中，有研究揭示，许多被认为是脱了盲的人，实际上并没有掌握阅读技能。无疑，这种状况，在发展中国家就更为严重，这是因为在发展中国家进行人口统计的过程中还存在很多技术上的问题。因此，一般来说，统计出的文盲人数是被低估的。

巴西每十年进行一次人口普查。对文盲的统计，是采用了"巴西地理与统计所"（IBGK）的标准，即脱盲者是那些能用某种语言读、写一封短信（bilhete）的人，那些仅仅只会书写自己名字的人被认为是文盲。

在巴西，文盲会受到很多的限制。根据巴西宪法第一百四十七条，文盲没有选举权和被选举权。在巴西，参加选举的公民必须年满 18 岁，并具有选举证。为获选举证，要出示学校的证书或能证明其读写能力的凭证。此外，文盲也不能到银行申请贷款（除非有第三者作为中间人担保）；文盲不能服兵役；文盲很难找到工作，等等。因此，文盲不仅对文盲自己，而且对社会发展也是一种不利的成分。

从巴西文盲人数来看,1940 年至 1970 年的 30 年间,文盲的绝对人数持续增长(见表 6—1)。从表 6—1 中可以看到,从 1960 年到 1970 年,产生了 200 多万的新文盲。

表 6—1　巴西文盲增长情况

年	15 岁以上人口数	15 岁以上文盲数	%
1940	23 639 769	13 279 899	56
1950	30 249 423	15 272 432	50
1960	40 187 590	15 815 903	39
1970	54 338 606	17 936 887	33

资料来源:UNESCO,MOBRAL—The Brazilian Adult Literacy Experiment,Educational Studies and Documents,No.15,1975,P.11.

从表 6—1 中还可看到,尽管文盲率从 1940 年的 56%,下降到 1970 年的 33%,但是这个比率仍然大大高于拉美和加勒比地区的比率(23.6%)。1970 年,巴西人口占拉美和加勒比地区总人口的 33%,但文盲数却占该地区文盲总数的 46%。因此,如果巴西能努力开展扫盲,也是对拉美地区提高教育水准的一大贡献,因为巴西每百万成人脱盲,就会使拉美地区的文盲率下降 0.06%。

(二)文盲结构分析

从年龄组来分析巴西文盲结构,如表 6—2 所示。

从表 6—2 中可以看到,1940 年不同年龄组的文盲率是相差不大的(反映出文盲相当广泛这一社会特性)。1970 年最低年龄组与最高年龄组文盲率之间的差距已增加到 26%(反映出文化民主化的积极倾向)。其中,最重要的变化是在较低的年龄组(15—29 岁)。1940 年,这一年龄组的两个之中就有一个是文盲,到 1970 年,已降至四人中有一人是文盲。

表 6—2　各年龄组文盲率(％)

年龄组	年份			
	1940	1950	1960	1970
15 岁以上	56.22	50.69	39.48	33.11
15 至 19 岁	54.68	47.29	33.41	22.96
20 至 29 岁	53.83	46.76	33.90	27.57
30 至 39 岁	54.61	49.77	37.59	32.03
40 至 49 岁	58.36	53.70	44.31	37.92
50 岁以上	62.75	60.17	52.53	48.61

资料来源:UNESCO,MOBRAL—The Brazilian Adult Literacy Experiment,Educational Studies and Documents,No.15,1975,P.12.

　　然而,从绝对人数来看,15—29 岁这一年龄组的文盲人数,在这三十年中仍然保持稳定,而 30 岁以上的年龄组的文盲人数是持续增长的(见表 6—3)。

表 6—3　各年龄组总人口和文盲人数

年份	年龄组	
	15—29 岁	30 岁以上
1940		
总人口	11 613 648	12 026 121
文盲数	6 272 676	7 007 223
1950		
总人口	14 625 725	15 623 698
文盲数	6 847 119	8 425 313
1960		
总人口	18 511 927	21 675 663
文盲数	6 231 583	9 584 320
1970		
总人口	25 172 450	29 166 156
文盲数	6 462 386	11 474 501

资料来源:同表 6—2。

从表 6—4 中可以看到男女性文盲的差异。

表 6—4 各年龄组男女性文盲率

年份	1940			1970		
年龄组	总数	男性	女性	总数	男性	女性
15 岁以上	56.22	49.82	62.52	33.11	29.98	36.15
15 至 19	54.68	53.83	55.49	22.96	24.39	21.61
20 至 29	53.83	48.41	58.96	27.57	26.11	28.94
30 至 39	54.61	46.03	63.30	32.03	27.88	36.07
40 至 49	58.36	49.23	68.24	37.92	32.47	43.48
50 岁以上	62.75	53.40	71.89	48.61	41.03	56.14

资料来源:同表 6—2。

表 6—4 表明,1940 年男女文盲率之间的差距,到 1970 年已经缩小,甚至在有些年龄组中(15 至 19 岁)女性文盲率已低于男性。

城市和农村的地区差别也是文盲人口结构的一个重要因素。从 1950 年和 1970 年的人口普查中可以看到城乡文盲的差别(见表 6—5)。

表 6—5 各地区 15 岁以上文盲率

地区	年份	
	1950	1970
全国	50	33
城市地区	26	20
农村地区	67	52

资料来源:同表 6—2,P.13.

这些数字无疑与巴西在这 20 年中发生的大规模的国内移民现象有密切的联系。实际上,巴西城市人口中的文盲,1950 年是 300 万多一点,而 1970 年却达到 600 万以上,增加了一倍。另一方面,巴西农村人口中的文盲,1950 年为 1 200 万,而 1970 年降至 1 150 万。而同一时期,15 岁以上的城市人口从. 1 200 万增加到 3 200 万,而农村人口只从 1 800 万增加到 2 200 万。从这些数字中可以看到,有相当多的文盲实际上是从农村迁移到了城市的。

此外,各个州的文盲数也有差别。1970 年有三个州(圣保罗、巴伊亚、米纳斯吉拉斯)文盲数分别超过 200 万;有四个州(马腊尼昂、塞阿拉、伯南布哥、巴拉那)文盲数分别超过 100 万。瓜那帕拉州的文盲率为 10%,是巴西文盲率最低的州,而文盲率最高的州阿拉戈阿斯州,文盲率达 63%。

(三)前期扫盲工作

为了扫除文盲,巴西一方面努力提高入学率和正规教育制度的效率,另一方面加强对那些在学龄期没有接受任何教育的青年人和成人实施扫盲教育。

巴西的许多机构,以不同的方式,为扫盲工作提供了帮助,这些机构和计划有:

1. 十字军 ABC。这是一个慈善性的教育机构,主要在东北地区为成人提供扫盲教育和初等教育。

2. 基础教育运动。1961 年由巴西全国主教大会发起的,主要在农村地区通过学校广播来开展扫盲活动。

3. 工业福利社。具有广泛目标的机构,包括扫盲工作,主要是在圣保罗开展活动。

4. 巴西基督教大会。这是一个慈善机构,较注重扫盲活动,主要在圣保罗州和米纳斯吉拉斯开展活动。

5. 青年和成人扫盲处。1966 年与巴拉那州教育厅合作建立的一个机构,采用普通教育课程、广播节目和直观教具结合起来的方法,进行扫盲实验。

6. 瓦耶里约道塞公司功能扫盲计划。这是"联合国教科文组织世界扫盲实验计划"中的一个小型实验计划,于 1968 年实施。该实验将扫盲与工作场所提供的职业培训课程结合在一起,并作为有报酬的工作量的一部分。

7. 商业社会服务社。1969 年,该社在北里约格朗台开设了成人扫盲实验课程,目的是要使商业服务人员学会读写,课程为 120 学时。

8. 功能性扫盲电视试验计划。1969 年在瓜那帕拉州实施该计划,共有 36 节课,每节课 20 分钟。

9. 市基础教育计划。该计划在圣艾斯皮里图州的里阿雷斯市实施。该计划将扫盲与社区教育结合在一起进行。

10. 广播教师协会。该协会从 1964 年起在南里约格朗台州西部的乌鲁瓜那通过广播教育计划,开展扫盲教育。

11. 成人扫盲课程和小学重读课程。1968 年这些课程在圣保罗州的桑托斯主教管区中开设。

12. 巴拉依伐州广播教育方案。这一方案是 1959 年设立的,对青年和成人进行扫盲,是由该州教育厅通过广播教育课程来进行的。

13. 奥索里约托雷斯成人扫盲实验计划。该计划由朗德尔德麻拉基金会于 1967 年实施,主要在南里约格朗台州通过广播和电视节目进行扫盲。

14. 武装部。为了征兵需要,提供扫盲教育。

15. 补充教育。这是根据 1961 年第 4024 号法令建立的,目标是为那些在适龄期没有接受教育的青年和成人提供这方面的学校教育。

正是在上述的背景中以及在这些机构和计划的基础上,巴西扫盲运动作为国家扫盲工作的主要力量而建立了起来。

第二节　巴西扫盲运动组织的建立

(一)法律基础

1. 1967 年第 5379 号法令

1967 年 12 月 15 日,巴西颁布了第 5379 号法令,即"青少年与成人功能性扫盲和终身教育法"。

这一仅包括 14 条的简明扼要的法令,其主要目的是建立一个有自主权的专门机构,负责开展青少年与成人的功能性扫盲和终身教育。

该法的重要内容包括:

(1)巴西政府已将青少年与成人功能性扫盲和终身教育置于长期优先的地位。

(2)巴西政府要求各级行政管理部门和大、中学生支持扫盲工作。前者是义务性的,后者是自愿性的。

(3)依法制定青少年与成人扫盲和终身教育的计划并实施年度检查。

(4)建立扫盲运动基金会。该基金会具有行政管理权和财政独立权,属教育部领导,接受国家的预算拨款和来自各方的捐赠。

(5)将大众传播媒介与扫盲工作结合为一个总的体系。

2. 系列补充法令与政令

在颁布"青少年与成人功能性扫盲和终身教育法"之后,巴西又发布了系列法令或政令以保证青少年与成人功能性扫盲和终身教育法的实施。主要的补充法令或政令有:

(1)1968 年 3 月 29 日,共和国总统办公厅发布第 62484 号令,批准"巴西扫盲运动"基金会的章程。该命令重申了 1967 年第 5379 号法令的规定,建立了基金会的领导机构并宣布了领导机构的作用。

(2)1969 年 5 月 27 日颁布了第 594 号法令,设立"联邦体育彩票"。该法第三条规定,彩票纯收入的 30% 应分配给扫盲教育计划。

(3)1970 年 9 月 8 日颁布了第 1124 号法令,该法规定,法人单位所支付的所得税的自愿扣除额作为巴西扫盲运动的资金。

这些补充法令或政令,不仅确定了巴西扫盲运动基金会的章程和领导机构,而且也为巴西扫盲运动提供了两个重要的资金来源,以使巴西扫盲运动能正常运转。

此外,巴西宪法第十五条也规定,市政府必须将其不少于20%的税收拨给初等教育。虽然这部分资金不是直接拨给巴西扫盲运动,但是,其中一部分是要用于地方上的扫盲计划的,因而也间接资助了扫盲教育。

(二)思想基础

1. 终身教育思想

巴西扫盲运动的一些基本思想与形成巴西教育制度的基本思想是一致的,但是巴西扫盲运动具有很大的独立性,并且受传统影响较小。因此,在终身教育提出后,巴西扫盲运动很快就将终身教育的思想作为扫盲运动的一种指导思想。

很明显,对于巴西扫盲运动来说,掌握读写技能可以在5至6个月内完成,但这以后,必须通过进一步的学习来巩固。因此,就必须要建立更多的将初等教育与社区发展相结合的课程。扫盲运动工作者也希望对那些已经学完这些课程的人进行指导,使他们进入职业培训机构。因为对工作的专门培训,不应被学校垄断,相反,实施这种培训的最好场所是在企业单位。巴西的终身教育的体系可用下图来表示:

从图6—1中可以看到,终身教育将学校教育、职业培训、继续教育全都连接起来,使人们在完成某一级教育、进入劳动市场工作若干年后,也有可能在教育系统内定期重新注册学习,必要时也可以通过学分制,从一方面转向另一方面。正如1972—1974年"教育与文化部门计划"所述:终身教育制度将提供充分的机会给已完成某种程度教育的人重新回校重读或继续学习,这样,使终身教育成为一种现实。另一方面,终身教育必须具有足够的灵活性,允许学生在任何时候都能够学习有关的课程,以满足学生的需要和请求。

终身教育的这种灵活性在自我教育的许多不同形式和机会中可以反映出,其中由巴西扫盲运动提供的机会,对处于不利状况的人口来说,

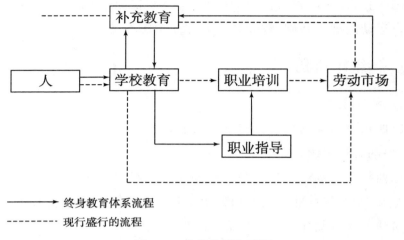

图6—1 终身教育体系图

是极为重要的。强烈要求投入学习过程并坚持不懈地学习以及要求牢固掌握自我教育的基本技能,是巴西扫盲运动计划的两块基石,也是对终身教育思想的一种响应。

2. 实用主义方法

巴西扫盲运动并没有以某种理论作为其基础。许多扫盲工作者在其活动中较乐于运用实用性准则。实际上巴西的发展过程也受这种思想指导。

巴西扫盲运动是在全国开展的,工作的波及面十分广泛,因而也缺少时间组织专家去探讨理论框架。出现这种情况还因为评价扫盲运动的成员几乎没有来自教育领域的。因而,他们在评价扫盲计划的效果时,倾向于根据社会的、经济的和政治的效果来评价,而很少考虑到理论方面和教育学说等方面。

此外,巴西扫盲运动也没有创立一种扫盲教学法。通常是根据教材出版公司提出的一些方法来进行教学的。另一方面,巴西扫盲运动这一体系包括有中央、地区和州的层次结构以及与遍布全国的约4 000个市相联系,也与一系列公立和私立团体相联系。这样一个巨大的体系覆盖了全国的扫盲教育,其目标极为明确,即尽可能迅速地减少文盲。因此,对扫盲运动的理论基础、教学方法等方面考虑不足。

(三)组织机构

1. 主要特征

巴西扫盲运动的组织机构具有的显著特征是:

(1)动态性组织

巴西扫盲运动组织机构是一种动态性的组织。这在 1967 年第 5379 号法令和 1968 年批准的巴西扫盲运动基金会章程中都体现了这一特征。这两份法律文件规定,为适应发展的需要,在采取技术和行政方面的措施中,应具有灵活性。这样,可以避免像传统的公共行政机构那样重复衍生组织机构。在区分了追求结果和手段的差别后,巴西扫盲运动力图使机构不向官僚化方向发展。此外,巴西扫盲运动组织的动态性还体现在向其成员提供机会,使他们能创造性处理工作中的问题。

(2)分权式组织

在扫盲工作中,巴西扫盲运动机构并不是一个具体操作机构。具体实施扫盲教育的工作是由地方上的独立机构来进行的。这些机构也将大量的工作交付给公共或私人机构来完成。最突出的例子是教材的生产和分配,它不受系统的控制。

2. 机构层次

巴西扫盲运动组织机构分四个层次,即中央、地区、州和市。中央、地区和州的机构属领导性的机构,而真正实施扫盲工作是在市这一层次。

巴西扫盲运动的中央机构在里约热内卢。巴西全国分五个地区,每个地区设有一个地区协调机构。各州也都设有一个州协调机构。最后,巴西全国 3957 个市中有 3937 个市设有市扫盲委员会,负责实施扫盲工作。

巴西扫盲运动组织机构层次关系可见图6—2。

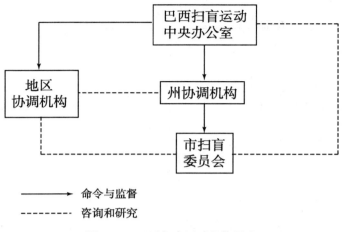

图6—2 巴西扫盲运动机构层次

（1）巴西扫盲运动中央办公室

巴西扫盲运动中央办公室下设两个咨询委员会：管理委员会和财政控制委员会。中央办公室直接领导执行部长办公室。在助理部长的协助下，执行部长在两个咨询机构的合作下（组织与方法咨询处和视导与计划咨询处），领导执行办公室和5个管理部门：教学活动处、动员处、研究与培训处、财务处、援助活动处。巴西扫盲运动中央办公室机构设置见图6—3。

在5个管理部门中，教学活动处负责组织、计划、补充、评价教育过程并实施教育；动员处负责动员各种资源（人力、物力和机构方面）；研究与培训处负责培训扫盲工作人员和开展研究来提高扫盲运动的效率；财务处负责预算和财务；援助活动处负责有关援助途径和手段以达到扫盲运动的目的。

（2）协调机构

州协调机构的主要作用是计划、协调和监督州一级的扫盲工作。州协调员负责领导与中央一级相对应的四个处：教学活动处、动员社区资

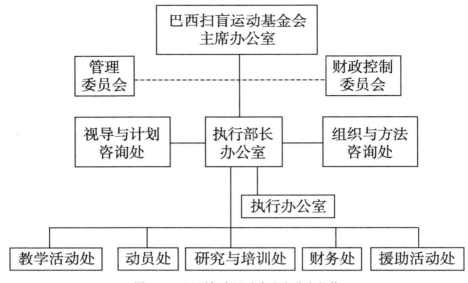

图 6—3　巴西扫盲运动中央办公室机构

源处、财务管理处、援助活动处。

由于巴西地域广大以及扫盲对象数量巨大,巴西在 1972 年下半年设立了五个地区协调机构,作为一种加强协调的中间机构。这些地区协调机构主要功能是制定计划以及为州协调机构提供技术援助。

(3)市扫盲委员会

市扫盲委员会不仅处于问题的第一线,而且也是扫盲计划的执行单位。市扫盲委员会在各市独立地组织扫盲工作的开展。

(四)经费来源

1. 主要经费来源

根据建立巴西扫盲运动的 1967 年第 5379 号法令第七条的规定,巴西扫盲运动最初的资源来自于联邦的资金、各种机构及私人的捐赠和其他各种收入。

1969 年第 594 号法令设立了体育彩票,规定将 30% 的纯收入用于扫盲计划。因此,1972 年,巴西扫盲运动收到了 8 千 6 百万克鲁赛罗(相当于 1 千 4 百万美元)。

在巴西,体育彩票仅限于对足球比赛的结果下赌注。彩票遍及全国,每周一次,以打孔卡片的方式自动进行。最小的金额是 2 克鲁赛罗(0.3 美元),可以预测 14 次。最大的金额是 108 克鲁赛罗(17.83 美元),可以预测 21 次。

体育彩票是一个巨大的资金来源。例如,1973 年 5 月的第一周,下注共有 9 438 281 个,总计为 53 420 446 克鲁赛罗(8 815 255 美元),平均每个赌注为 5.65 克鲁赛罗(0.93 美元)。在这个总收入中,上交 10%给国家社会保障机构,用于正常的社会保障和医疗资助计划的开支。在剩下的 90%的总收入中,12%用于支付组织机构开支;13%用于支付联邦经济基金会的佣金和出售彩票者的佣金;50%用于支付中彩者;其余的 25%,属于彩票的纯利润。在这 25%的纯利润中,40%给巴西援助社;30%给国家体委;30%给教育部组织的扫盲计划。教育部将这笔资金的 80%拨给巴西扫盲运动基金会。因此,在 1973 年 5 月的第一周,巴西扫盲运动就得到了 2 884 704 克鲁赛罗(476 023 美元)。

体育彩票不仅给巴西扫盲运动提供了大量资金,而且在某种程度上还促进人们参与扫盲运动。因为如果人们在购买彩票后没有中彩,他们往往会自我安慰地说是权当资助扫盲运动,这也促使文盲要求进入扫盲班。

1970 年 9 月 8 日(正好是国际扫盲日)巴西第 1124 号法令的颁布,开辟了巴西扫盲运动的第二个主要来源。该法第二条规定,所有法人单位在巴西银行缴纳所得税时,可以填一张表,将所交税款的 1%至 2%划给巴西扫盲运动。银行每月将收集到税款划给巴西扫盲运动。在 1972 年,巴西扫盲运动收到了 6 千个单位自愿划给的 43 229 437 克鲁赛罗(7 133 570美元)。

巴西扫盲运动的经费来源既有固定性也有流动性,这构成了巴西扫盲计划的一个重要特点。另外,根据法律规定,巴西扫盲运动委员会有权财政独立,因而可以较迅速而合理地使用这些资源。11973 年,巴西扫盲运动委员会的资金达 2 亿多克鲁赛罗(3 400 万美元)。

2.州和市的资助

在巴西,扫盲的费用并不仅仅从巴西扫盲运动的资金中支付,州和市也负担了从当地技术人员的报酬到粉笔的购买等大量开支。许多市都建立了较大规模的教学基地、提供交通工具、支付租金、支付扫盲教师的津贴、出版辅导材料、授予奖励金等。由于州和市资助扫盲运动的范围很广,因此,很难估计确切投入的资金。例如,有的州安排一架飞机,供州协调机构随时使用;有的州提供 9 艘船只,供亚马孙地区扫盲用;圣保罗市市长捐赠了 1 千万克鲁赛罗给巴西扫盲运动计划……所有这事表明,州和市给予了巴西扫盲运动的大力支持。

3.主要费用开支

巴西扫盲运动的主要开支有三种:①巴西扫盲运动中央办公室以及州、地区协调机构的日常开支;②按合同支付给出版商的教材生产费用;③根据学生人数,支付给市扫盲委员会的费用。

从 1972 年的资料中,可以看到平均每个学员的费用开支情况。从扫盲课程来看,最后脱盲的达 52%,平均每个学生的费用为 57.62 克鲁赛罗(9.5 美元)。其中包括 11.68 用于教材,40.70 用于支付教师工资,5.24 用于管理费用。如果不是按实际脱盲人数,而是按参加扫盲的人数来计划,那么每个学生的费用是 29.27 克鲁赛罗(4.83 美元)。

在统一的教育计划中,巴西扫盲运动仅承担教材费用和管理费用的 10%,也就是负担平均每个学生的费用为 12.21 克鲁赛罗,在这种情况下,教学人员的费用由州教育厅和市教育局承担。

第三节　巴西扫盲运动的实施

(一)参与扫盲运动的人员

1. 扫盲运动机关工作人员

巴西扫盲运动机关工作人员仅包括中央办公室和地区、州协调机构的常设人员。

巴西扫盲运动中央办公室共有399名工作人员。中央办公室有一人负责人员招聘、任命、提升和工资定级等人事管理。人事管理的规定主要是要确保一种灵活的政策来适应扫盲工作的紧迫性。中央办公室的工作人员享有一系列的社会福利，其地位要比其他单位的工作人员要高。

值得一提的是中央办公室较注重工作人员的职业训练。例如，新的工作人员的90天试用期就包括了培训；也可以给予特假来从事有利于扫盲的研究；要求官员参加培训、学习职业课程，有时甚至是一种规定。

中央办公室专业人员来自于不同的学科。例如，61位受过高等教育的专业人员来自于21个不同的学科，如教育学、经济学、政治和社会科学、工程学、军事、法律、社会服务、社会学、文学、语言学、会计、管理、图书馆学、数学和物理、地理学、通讯、历史、体育、营养学、海军、计划等。大量的各种学科的人才汇聚在扫盲工作机构，构成了巴西扫盲运动的又一个主要特征。因此，扫盲运动基金会主席是一个商人和经济学家，而执行部长是工程师这种情况也就不足为怪了。

在地区和州协调机构工作的人员，虽然都有各种不同专业的背景，但受过教育科学训练的人的比例在增长。

在市扫盲委员会工作的各种类型的专业人员都是出资聘用的。在小规模的市,班组领导、协调员、监督工作一般委托给有教学经验的人员。但在圣保罗市,市委员会主席之职是由州社会福利厅长担任。这样的好处是使教育人员和社会服务工作者建立了有效的合作。市委员会聘用的专业技术人员,约有一半是社会服务工作人员。社会服务工作人员在州内地的市里也发挥了很大的作用,因为扫盲计划使扫盲教育与社区组织很好地结合起来了。

2. 扫盲教师

扫盲计划的实施最终要依赖 10 万至 11 万扫盲教师的工作。然而,这些教师不属于巴西扫盲运动的常设的工作人员。他们是由市委员会根据与巴西扫盲运动所签订的协议受聘用的,他们的工资各不相同,是按照各自的学生数来支付的。

1972 年上半年,巴西扫盲运动中央办公室下属的教学部门对工作在 2 650 个市的 66 845 名扫盲教师的学历资格进行了调查,调查结果如表 6—6 所示:

表 6—6　扫盲教师的学历(1972 年上半年,相对数)

地区	完成或没完成小学	完成第一级教育(8 年)	没完成第一级教育(5—7 年)	完成第二级教育(11 年)	没完成第二级教育(9—10 年)	完成教师培育(11 年)	没完成教师培训(9—10 年)	大学(11 年以上)	其他	没回答
北部	49.80	4.66	11.39	2.23	5.53	9.75	6.15	2.54	1.05	6.90
东北部	58.30	3.52	12.85	1.51	3.96	7.40	7.00	0.53	2.00	2.93
东南部	34.61	4.65	9.21	2.92	5.62	23.50	12.46	4.07	0.76	2.20
南部	30.44	10.74	16.26	4.56	9.03	11.71	12.83	1.99	0.34	2.10
中西部	34.81	7.57	20.40	2.69	8.40	10.61	11.10	1.21	1.17	2.04
全巴西	47.27	4.68	12.20	2.29	5.12	13.12	9.38	1.87	1.39	2.68

资料来源:UNESCO,MOBRAL—The Brazilian Adult Literacy Experiment,Educational Studies and Documents,No.15,1975,P.30.

从表 6—6 中可以看到,扫盲教师中约有一半的人仅读过小学四年(有的完成,有的没完成四年制课程)。这种情况,在农村地区更为普遍,因为很难聘到受过较高教育的人。尽管要求扫盲教师要具有较高的学历,但在当时短时期内是很难克服这一困难的。因此,本着现实主义的原则,只能请有知识的人将知识传授给没有知识的人。

在很多地区中,小学教师往往也只有小学毕业的程度(有的甚至还没毕业),因此,他们在小学教小学生,基本上也是一种扫盲教育,与巴西扫盲运动对成人扫盲的要求差不多。因此,巴西扫盲运动比较注意发挥小学教师的作用来开展成人扫盲。当然,这么多的扫盲教师只有初等教育水平,这会妨碍那些已脱盲的成人的继续学习。因此,担任一体化初等教育课程的教师需要有更高的学历。

当然,扫盲教师的学历程度各地区也不相同。例如在圣保罗州,在3 631名扫盲教师中,只有65名(1.8%)是小学毕业程度;有1 967名(54.17%)是毕业于师范教育机构;有670名(18.45%)是大学生或大学教师。而在巴伊亚州,43.85%的扫盲教师是小学毕业程度;18.50%是受过高等教育的中学教师;14.61%没有读完师范教育课程;0.5%是大学层次。

在对扫盲教师的分析中,可以看到两个显著的特点:①扫盲教师更换率非常高;②扫盲教师很年轻。在圣保罗市,一年要更换32%的扫盲教师;65.4%的扫盲教师的年龄在18岁至24岁之间。因此,除了扫盲工作外,巴西扫盲运动在唤醒年轻人的社会意识方面,也起着重要作用。因为通过虽然时间不长的扫盲工作,年轻人接触到了民众的教育问题,同时也可以了解到他们是否具有教学或社会工作的志向和才能。针对扫盲教师更换频繁而且年龄较轻的特点,巴西扫盲运动也实施了扫盲教师的培训计划。

巴西扫盲运动中央办公室认为,对扫盲教师来说,通常的教师培训不能保证取得较好的结果,不管从数量上还是质量上来看,都不能适应成人教育的特点。因此,巴西扫盲运动中央办公室提出,要给扫盲教师开设速成培训课程,使他们能够上好扫盲课以及有能力组织人员为社区发展而工作。

此外,巴西扫盲运动也支持非专业教师开展扫盲工作。例如,累西腓市委员会共有 339 名扫盲教师,其中 231 名是专业教师,108 名非专业教师(巴西人称为"外行")。市委员会认为,这些外行取得的效果比专业教师还要好。例如伯南布哥州的伊加拉苏市有 8 万居民,成人文盲达 60%。巴西扫盲运动开展 4 个月,就有 4 000 人参加。在 1972 年该市扫盲委员会主席是一名牙科医生,协调员是一个名誉教师。有一个扫盲班的负责人是一个受过 8 年教育的店主。该班的教室经过精心设计,具有视听设备、扩音器、录音机等。扫盲教师想方设法、因地制宜地使用全国性扫盲教材。

因此,在巴西扫盲运动中,除了具有文凭的专业教师所起的主要作用外,具有不同背景的其他合作人员也有效地承担了扫盲教师的角色。

3. 扫盲工作人员的培训

像巴西扫盲运动这种全国规模的大工程,其工作人员的培训是极为重要的。巴西扫盲运动坚持的一个原则是:对工作人员来说,培训是永远需要的。无人不受培训,培训永无结束。

巴西扫盲运动工作人员的培训主要是对高级技术人员、专业人员和社区领导。在对这些人员的培训中,并不只是反复灌输成人教育的技术或通常的教学组织方法,培训的目的主要是使这些工作人员了解社会发展和经济问题,并使他们能够根据自己的水平和环境,创造性地处理具体问题。

培训是从中央办公室工作人员开始,然后他们再培训地区和州一级的协调员、督导和技术人员,接着州一级的工作人员再用学到的知识去培训下一层次的工作人员。

为了更好地适应扫盲工作的发展,巴西扫盲运动于 1972 年建立了"研究与培训处"。在工作人员的培训方面,该处承担三方面的责任:

(1)高级技术人员进修。这是一种跨学科的培训,可以在研究与培训处进行,也可以在其他机构进行,主要根据实际情况来决定。

(2)培训督导和协调员。不在研究与培训处进行,因为涉及的人很多。

(3)通过培训活动和交换外国专家,在国际上传播巴西扫盲运动的信息。

涉及面最广的培训活动是为扫盲教师和进行一体化教育的教师开设的培训课程。在 1970 年至 1972 年,巴西扫盲运动中央办公室直接培训了 785 名成员,通过他们又培训了全国 43 829 名第一线的扫盲工作人员。培训期 5 至 10 天,以正规的课程学习教学手册。该教学手册中包括的内容有:功能性扫盲教学理论、工作方法与技术、评价制度的特点、帮助有特殊困难的学生的指导以及其他一些技术方面的建议。该教学手册还包括培训一体化教育的教师的内容:巴西扫盲运动的工作、在社会经济发展中一体化教育的作用、成人速成教育的基本特征与技术、教育过程的心理基础、动机、教师角色、成人学生的特点、小组工作与评价的技术等。

由于巴西扫盲运动的规模不断扩大,巴西扫盲运动办公室决定使用更经济、更有效的手段来培训扫盲教师。1972 年,通过广播培训了 9 万多人。此外,也通过通讯手段向扫盲成员定期提供新的技术知识。如教学活动处向全国发送函件,不仅提供技术培训,而且也提供道义上的支持和鼓励。从 1973 年 3 月起,巴西扫盲运动开始出版月刊"巴西扫盲运动信息"《MOBRAL INFORMA》,发行量达 4 万份。该刊物提供有关扫盲运动的最新信息、增强各个组织参与扫盲的信心并提供某种程度的专业培训。

巴西扫盲教师的人数众多,每 1 000 个巴西人中就有 1 人在巴西扫盲运动中从事教学工作。随着文盲人数的减少,大多数人将从事其他工作。巴西扫盲运动试图从中培训一些人从事扫盲后的成人教育,因为师范学校并没有提供这方面的人才。

4. 学员

到 1972 年底,巴西扫盲运动已为 8 812 000 人提供了服务,其中
7 354 000 人参加扫盲班学习,950 000 人参加一体化教育课程学习,508
000 人参加了社区发展活动。这些数字表明,每 6 个 15 岁以上的人中就
有 1 人受益于巴西扫盲运动的教育。

(1)学员的若干特点

参加扫盲的学员的一个明显特点是青年文盲占绝大多数。巴西扫
盲运动对东北和北部地区的一项调查,揭示了这一特点(见表 6—7)。

表 6—7　北部和东北地区扫盲班学员年龄结构(1972 年)％

地区	学员总数	12 岁以下	12—14	15—17	18—20	21—25	26—30	31—40	41—50	50 以上	没回答
北部	22 713	3	21	17	13	11	9	12	8	4	2
东北部	235 991	5	22	17	13	12	8	11	7	3	2

资料来源:UNESCO,MOBRAL—The Brazilian Adult Literacy Experiment,Educational
Studies and Documents,No.15,1975,P.34.

从表 6—7 中可以看到,扫盲班中有 68％的学员年龄不超过 25 岁,
只有 11％的人超过 40 岁。其中值得注意的是,有 26％的人年龄不超过
14 岁,而这个年龄正是宪法规定的义务教育年龄。

扫盲班学员主要由以下几种人员:女孩、家庭主妇、失业人员、待业
青年、不熟练工人等。其中男性比女性略多些,男学员为 54％,女学员为
46％。有 30％的人是一家之主。有些地区扫盲对象更广,发展到为失足
青年和囚犯扫盲以及为一些特殊人员扫盲,如盲人、外国移民。

(2)学员的扫盲动机

是什么动机促使人们到扫盲班去学习读书写字？据许多调查材料
反映,学员的动机是各不相同的。

成人男性都希望通过扫盲,成为有知识的人,以便将来能找到更好
的工作和改变他们的生活方式。妇女大都想学点文化,以便能够辅导孩
子的功课。也有一些妇女说,她们以前把青春时光都花在孩子的教育上

了,而把自己的教育给耽误了,巴西扫盲运动给她们重新提供了学习机合。

总的来看,20岁至35岁年龄的学员具有强烈的学习动机,他们认为,要学习和掌握他们自己干的工作的技能,第一步就应学会阅读和书写。因此,他们学习目的明确,效果也较好。然而,学员中占很大比例的青少年,缺乏动机,时常逃课,去从事他们感兴趣的事情,如体育运动。

在许多地方,开设扫盲班已成为社区集合的一个重要因素。在许多地方,人们既没有相聚的地方,也没有相聚的真正理由。扫盲运动开设的扫盲班给他们创造这种条件,强化了他们属于某个群体的感觉,并能够讨论他们的共同问题。

但也有一些因素会削弱人们的扫盲学习动机。如对于重体力劳动者来说,他们学习阅读和写字意味着要付出额外的代价却无收益。有些地方的土地所有者会阻挠他们的工人参加扫盲班学习,因为他们知道这会使工人的劳动法意识得到加强。繁杂的家务也使年轻的妇女脱不开身去参加扫盲班,他们常常提出,要等孩子长大一点,不需要太多照顾时,再参加扫盲。

在巴西,由于各地区发展情况不同,因此对于扫盲的动机也有很大差别。例如,在东南部地区,公共机构和私人企业都要求人们具有文化知识才能保住自己的工作或找到新工作。在这种情况下,社区采取了促使人们学习的强制措施。毫无疑问,这是很有效的途径,因为想找到工作,必须掌握读和写的技能。在巴西南部的一些州里,雇主和机构管理者对此已有充分的认识,他们已允许雇员抽出一些时间去学习而且工资照发。

参加一体化教育课程学习的学员有一些有趣的特点。他们中大多数人一开始是在市扫盲委员会成员、扫盲教师或朋友的要求下参加扫盲班的,尔后,他们在扫盲结束时却自己决定继续参加一体化教育课程的学习,因为他们已认识到继续学习是改善生活的一种手段。绝大多数人提出,如果巴西扫盲运动体系能够提供机会的话,他们愿意学到初中的水平。很多人认为,他们读完小学的课程,目的是要确保能有一个好工作。

(3)学员中途辍学

在扫盲班中,往往有许多学员中途退出。学员中途辍学的原因是多方面的。其中,工作地点是一个重要因素。例如建筑工人一般是参加离他们工地较近的扫盲班学习,但他们失业或到别的工地干活就不便继续留在这个扫盲班了。在农村地区,影响扫盲学习的一个因素是季节,一般农忙时很少有人参加扫盲。因此,市扫盲委员会主张要根据农活的情况来安排扫盲班的时间。

对于一体化教育来说,学员住址和工作的变动是辍学的主要原因。工作和身体问题是学员偶尔缺课的原因。

在巴西扫盲运动中,也还存在一种危险,即扫盲学员通过学习获得了脱盲证书,但随后又逐渐变成文盲。在巴西,农村地区的文盲占全国的2/3,他们几乎没有机会运用自己的读写能力。为此,巴西扫盲运动试图通过出版发行大量的阅读材料或建立图书馆和阅览室来鼓励人们保持他们的读写能力。在开设一体化课程的地方,这种重新退化成文盲的现象就少了,因为他们坚持继续学习。如果他们能够持续18个月来操练其读写技能,那么他们肯定会巩固他们的技能。

5. 社区的参与

指导巴西扫盲运动的两个重要原则是:对于国家的问题,政府不是惟一的责任者;一个国家是由众多社区组成的,社区必须参与解决国家的问题。

这两条原则,促使巴西扫盲运动充分发挥社区的作用,并在全国建立了网络,在"你也有责任"的口号下,动员全体公民参与。实际上,社区肩负着发现问题、解决问题的责任,并着眼于全国,共同开展工作。

在每一个州协调机构中,都设有一个"动员处",它不仅负责协调与市政府的关系,而且也组织协调学校、教堂、农业发展局、公共卫生局、合作者、工人、青年、学生组织、新闻媒体等,目的就是动员更多的人参与扫盲运动。

巴西扫盲运动委托市扫盲委员会,采取各种措施使市长对扫盲教育加以支持。正如一份文件所说:真正实施扫盲计划的机构是散布于全国的市扫盲委员会,这些委员会要负责招收学员、聘用扫盲教师、安排教室、组织教材等。这些委员会把政府机关工作人员、商人、教士、公共服务部门和俱乐部的代表联合起来,使整个社区为消灭文盲而努力。

市扫盲委员会的工作是成功的。例如圣保罗市扫盲委员会在 1972 年得到了市政府拨给的一千万克鲁赛罗。其他一些市,通过支付电费、提供运输设备、提供办公室和教室、招收学员、聘用工作人员、进行宣传、提供确保计划正常实施所需的各种资料等来表示对扫盲运动的支持。正如巴西南部的一个市长所说:"我们能够成为巴西第一个无文盲的城市。我们有较好的条件和财力。我们所需要做的就是要联合起来,共同工作。"①

一些市已经开展了"巴西扫盲运动星期日"和"巴西扫盲运动周"的活动,通过演讲和其他一些活动来激发人们参与扫盲的兴趣。许多学员有时也去动员其他人参加扫盲。有些州协调员提倡:一个参加者要把所受的教育传授给一个新的学员。

市扫盲委员会大多由来自企业、商业、公共服务单位、学术机构的代表构成。这些人尽管不是专业教育人员,但他们都舍得为扫盲工作花费他们的精力和时间,解决那些一般看来应是教育人员来解决的问题。他们认为,通过解决这类问题,可以丰富他们的个人生活,使他们具有一种新的社会视野。实际上,动员者自己也被扫盲运动动员了起来。

此外,社区的民众也通过大量朴实而又独特的方式参与扫盲运动。

---

① UNESCO,MOBRAL—The Brazilian Adult Literacy Experiment,Educational Studies and Documents,No.15,1975.

例如在圣保罗州的一个城市,送煤气罐的人会挨家挨户收集旧杂志和旧书,然后送到市扫盲委员会。经过委员会筛选,装上一辆汽车,专门作为一个微型图书馆,将书和杂志送往各个扫盲班或阅览室。

在实施扫盲计划的过程中,碰到最大的一个问题是寻找教学场所。扫盲运动的一个原则就是尽量要避免在学校教室里上课。原因是学校是孩子受教育的场所,它会使成人想起他在孩提时所处的困境和遭受的挫折。为此,市扫盲委员会安排了俱乐部、工会中心、工厂、教堂以及其他单位来进行扫盲教学。

最好的办法当然是建立扫盲教育中心。例如在里彼拉帕雷多市建立了3个小型的扫盲教育中心,并具有幻灯放映设备和视听设备。

巴西扫盲运动也采取了许多方法来吸引更多的人参加扫盲。主要的有:授予证书或文凭以及定期颁发奖品。例如萨尔瓦多市设立了两个奖项:一是奖励扫盲班中退学比率小的教师;另一是奖励定期报告扫盲情况做得比较好的单位和个人。1972年12月8日,作为举行"国际扫盲日"的一部分,巴西教育部提供了价值5万克鲁赛罗(8千多美元)的奖金,奖励在宣传方面为扫盲运动作贡献的单位和个人。

(二)多样化的扫盲运动计划

巴西扫盲运动可以说已发展成为一种成人教育的体系。巴西扫盲运动不仅实施了扫盲教育,而且还提供了多种扫盲后的教育计划,旨在改善地方社区的生活条件和促进人民的文化发展。以下是巴西扫盲运动制定和实施的4个主要计划。

1. 功能性扫盲教育计划

通常,巴西扫盲运动实施的扫盲教育,首先是通过各种可能的途径,使文盲(特别是一些年轻人)参加扫盲班;然后对他们实施5至6个月的扫盲教学,力图使他们能获得脱盲证书。扫盲班的教学活动每天2小时,时间表也可以根据学生的情况进行调整。扫盲班通常每班有25至30名学员,这些学员的背景各不相同。扫盲教师的文化程度也相差很大,但他们都经过了基本的扫盲教育的培训。每个月扫盲教师都要填写和递交学员参加学习的汇报表,以此为依据,巴西扫盲运动中央办公室通过市扫盲委员会向扫盲教师支付工资。

然而,扫盲运动的范围远不止于使学员掌握读写技能。巴西扫盲运动制定的扫盲计划的目标是:

(1)掌握词汇以增加知识;理解书面或口头指导或命令;清楚地表达思想;进行书面或口头交流。

(2)发展推理能力。

(3)养成工作习惯。

(4)发展创造能力以便能更好地利用资源来改善生活条件。

(5)明确自己的权利和义务。

(6)积极改善家庭和社区的健康与卫生状况。

(7)提高个人对社区福利的意识,使每个人都能保护公共财产和公共服务设施。

(8)了解社会各团体是如何参与社会发展过程的以及了解这些团体创造社会福利的因素。

(9)具有正确的动机以便成为社会发展过程中的参与者和受益者。

扫盲教育的内容通常都与上述目标相应。教材免费提供给学员,每个教师都有一本教学手册和一套教具。教师按照以下 10 个标准来评估学生学习的结果:

(1)能读出和写出他自己和其家庭成员的姓名和地址。

(2)能准确达意地写便条、发电报、开收据、写申请等。

(3)能解决日常发生的简单的小问题。

(4)能计算或核对购货单。

(5)能计算自己家里需购食物的数量。

(6)能进行钱币找换(纸币和硬币)。

（7）能估算外出旅行的日程安排的时间。

（8）能以简练、综述的方式，口头或书面叙述事情过程。

（9）能阅读和理解报纸和杂志的摘要以及信件、电话簿、马路指南。

（10）能阅读和写出书面说明。

如果学生能做到以上的 10 个方面，他就可以被认为是脱盲了。

在巴西通常人们是把扫盲班与正规的学校分开的。人们常说："这是扫盲班，学校在那一边。"或者说："我去学校，我妈妈去扫盲班。"虽然巴西扫盲运动开展的扫盲教育在很大程度上是独立实施的，但仍有许多方面是与正规教育制度有关系的。例如从儿童入学率以及退学率方面，可以估计未来巴西人口的文盲程度和巴西扫盲教育的任务；在扫盲班中，有大量的 14 岁以下的青少年，他们虽是学龄儿童，但由于缺少学校或已成为劳力，对他们必须进行有别于正规学校的教育。

在南里约格朗德州的布多阿莱格莱市，市扫盲委员会与教育行政部门合作，以最有效的方法来解决上述问题。他们开展了一项称作是"青少年儿童扫盲运动"的试验。他们在市立学校中开设了 13 个扫盲班，每班 20 名学生，试验的目的是要运用扫盲的形式、扫盲的教材，通过快速扫盲教学使学生能转入正规学校的三年级中去学习。实验分两个阶段。第一阶段 5 个月，是进行扫盲教学；第二阶段 4 个月，是巩固扫盲教育并开展与正规学校教育相连的系列教育活动。

实验的结果是令人满意的。除了辍学者外，68％的人在第一阶段结束时已脱盲；70％完成了第二阶段的人被认为适合于进入正规教育学校三年级。

巴西扫盲运动与教育制度之间的另一项合作更有意思。巴西扫盲运动通过学校儿童的帮助来确定和动员成人文盲参加扫盲。例如巴西利亚市的儿童承担了文盲人口普查的任务，通过普查，促使参加扫盲的人增加了 5 千名。在南里约格朗德州，要求各种学校一、二年级的学生对他们的家庭成员是否是文盲进行调查，并动员成人去参加扫盲。

在巴西农村地区,扫盲工作仍有许多问题。巴西扫盲运动最初着重于城市人口的扫盲,随着扫盲规模的扩大,后来深入到农村。开始是在小乡村,因为那儿人口集中,又有市立学校。当扫盲深入到人口居住分散的农村地区,困难不断增加。对此,巴西扫盲运动采取了3项主要措施:①加强与正规教育系统的联系,培训多功能的社区教师;加强规模小的学校之间的联系,以形成地区性教育运动和改变乡村教师传统的孤立工作状况;②将扫盲教育统一于农村的商业协会的活动计划中去,这样可以得到这些协会的巨大资助;③运用大众媒介,特别是通过广播来开展活动。

2. 一体化教育计划

在巴西扫盲运动进行大规模扫盲活动时,为了确保更全面的培训和防止重新成为文盲,就需要不断继续学习。这样,在1971年就开始实施一项"一体化教育"的试验计划。该计划是由巴西扫盲运动单独负责的,涉及到181个市的34 000名学生。在评估这一阶段的工作时,巴西扫盲运动已决定要和负责补充教育的州和市的教育厅和局的工作结合起来,给那些刚刚脱盲的人提供一种广阔的一体化教育计划。该计划连续学习12个月,课程相当于初等教育二至四年级的程度。完成了这种课程的学习,将获得一张结业证书,并可以进入五年级。

巴西扫盲运动已在巴西全国范围实施了一体化教育计划。巴西扫盲运动负责提供技术指导、教材和培训教师,教育局负责招聘教师和支付教师工资,并且提供教学设备和评价学生的学习。

一体化教育的课程,在教学时不分学科,而大量的教材都是围绕综合性主题组织的,通过这种教学以满足成人的工作需求和作为一个社区的成员所应尽的义务的需求。通常采用的教学方式是开展小组活动、讨论和研究。这也许是和巴西人喜欢讨论有关。

为了更好地实施这一计划,巴西扫盲运动在一些市区开放了阅览室,这样,可以给学员提供一个教育中心,通过自由的或有指导的阅读、辩论、演讲等,扩大他们的知识领域。

当巴西扫盲运动逐渐达到扫盲计划的目标时,一体化教育计划也就与实施终身教育思想的成人教育结合了起来。在5—6个月中学会的读写,很需要进一步的巩固,否则很快就会遗忘。因此,扫盲教育和一体化教育连接在一起,将4年的知识压缩在18个月内学习。学员们也都愿意继续在巴西扫盲运动系统中学习普通教育或职业技术教育。

3. 社区发展计划

巴西扫盲运动负责人指出,社区的组织和发展是扫盲教育和一体化教育过程的必要条件。在人员培训和教材中所强调的是成人教育必须包括培养人们为社区和国家承担更多的责任。

由于许多成人在完成扫盲教育后没有机会学习一体化教育课程,因此,巴西扫盲运动就为这些人开设了一种2个月的课程,这种课程就叫"社区发展计划"。该课程的总的目标是鼓励那些已经完成扫盲计划的人积极参与社会生活,使他们能继续学习,直至参加一体化教育计划。

参加社区发展计划的成人,分成若干小组,每组20—30人。小组长与成员一起探究社区问题并寻求解决问题的途径。他们参加文化、艺术、社会和娱乐活动,并在活动中实践改善社区的方案,同时也出版系列教科书。

在一些地方,该计划也促进了相应的机构的建立,有的是与社区服务机构合在一起的,也有的是在郊区建立小型居民中心。1971年,该计划在1 347个市里实施,有363 758人参加。

在社区发展计划实施了一段时间后,巴西扫盲运动总结时指出,一方面,社区发展应是成人教育整个过程的一种指导思想,而不是一种短暂的计划;另一方面,一体化教育计划的扩展以及文化扫盲运动的出现,也使得社区发展的思想与实践需要重新定位。

4. 文化扫盲运动

巴西扫盲运动对成人教育活动的另一贡献是1973年起实施的"文化

扫盲运动"计划。

该计划的对象不仅包括参加上述各种计划的参与者,也包括普通的巴西人。该计划的目的是要促进和发展巴西国家和地区巨大不同的审美表达方式以及鼓励艺术家要创造大众文化。为此,巴西扫盲运动以不同的方式来实施这一计划:

(1)扫盲图书馆。扫盲图书馆是一个流动的文化促进单位。配备有车辆、电视、录像带、图书馆、音响设备、放映机等。这些设备已成为一种手段来为所有巴西扫盲计划提供文化方面的支持。而在亚马逊地区,由于河流众多,因而建立了"船上图书馆"。

(2)文化站。这是一种固定的机构,是为了促进扫盲图书馆的工作和各种计划。文化站主要提供文化方面的材料以及组织讨论、娱乐活动、展览等。

(3)文化博览会。这是巴西扫盲运动在地区开展的活动。通常是集中在某一地方、在规定的时期中开展州或地区的文化活动。通过这种活动来促进全国的共同的发展过程。

为了使这些活动具有较高的质量以及迅速扩展,巴西扫盲运动也得到其他一些机构的资助,主要有:

(1)国家图书出版署。该机构通过图书出版,向参加一体化教育计划的学生提供了大量的免费阅读材料,同时也低价出售给公众。

(2)国家电影协会。该机构为文化扫盲运动专门生产影片。

(3)国家戏剧部。该机构成立巡回戏剧团,与扫盲图书馆同行。该机构的目的是促进乡村地区建立常设的戏剧组并鼓励排演公众喜欢的戏剧。

(4)视听展示馆。该馆为扫盲图书馆提供资料,主要是播送巴西大众音乐。

(三)新的教学技术的运用

为了更有效地在全国范围开展扫盲和一体化教育,巴西扫盲运动除了继续使用传统的教学方式外，也积极运用新的教学技术（如广播和电视），并且取得较好的效果。

1. 通过广播进行扫盲教育

在对分散居住的农村人口进行全国性的扫盲工作中，常常会出现动员、组织、教学质量等方面的严重问题。为解决这些问题，巴西扫盲运动与米纳斯吉拉斯的维高沙联邦大学签订了一份协议，请大学调查运用广播进行扫盲的效果，并确定电台广播影响学习过程的程度和扫盲教师影响的程度。

试验是在3个市进行的，包括18个扫盲班的540名学虽。试验计划进行5个月，分别进行面授或广播教学。试验分3组进行：第一组是一个教师教一个班级；第二组是学生每天收听30分钟广播教学，同时也有一个教师每天都进行教学；第三组是学生每天收听30分钟广播教学，但教师每周只授一次课。试验结果表明，运用广播教学的效果要比不用广播的教学更好。

因此，巴西扫盲运动竭力主张在扫盲中应引进新的技术，特别是在分散居住的农村地区。这样，可以更有效地将扫盲教育推向广大的民众以解决农村扫盲的问题。

2. 通过广播进行一体化教育

在巴西，要在成人中普及初等教育碰到了许多困难，如受过不足4年教育的成人数量巨大；脱盲者要求继续学习一体化教育的人数在增多；在落后地区，合格的教学人员十分短缺。

为此，巴西扫盲运动采用了广播教学的形式来解决这些问题。

在全面推广普遍采用广播这一新技术之前，巴西扫盲运动在北里约格朗德州先进行了实验。该州是巴西教育水平很低的州之一。州教育厅、农村援助处等机构均合作参加了这一实验。参加该试验的有10 400名学生，450名教师，25名督导和5名播音员。

该实验要验证的假设是：广播是一种进行成人初等（二至四年级）教

育的一个有效手段;学生可以根据他们以前的教育、生活经历和学习能力,在相当短的不同时期之后,学习较高一级的课程。

该课程计划的学习共需 16 个月,分为 4 个阶段,每阶段 4 个月。每个阶段都围绕以下的 15 个课题进行教学:教育、交流、自然、工作、生产、运输、营养、住房、卫生、健康、运动、娱乐、旅游、公民和文化。尽管各阶段内容相同,但进行的方法、表达形式是不同的,其内容和难度也不同。

广播教学每天进行半小时,随后是教师进行 90 分钟的辅导教学。教师辅导主要是鼓励学生创造性地参与学习,弥补第一部分之不足。

这种与教师辅导相结合的广播教学被证明是极为有效的,并在巴西全国得到了推广。

3. 通过广播培训扫盲教师

在全国开展扫盲运动需要大量的扫盲教师,而这些扫盲教师的背景各不相同,有的完全没有教学经验,因此要对他们先进行培训。巴西扫盲运动认为,大规模培训教师的最佳手段是通过广播来进行。

因此,巴西扫盲运动与属于教育部的教育广播公司合作,制定全国性的广播教育计划。巴西扫盲运动负责确定培训内容和在收听地点组织听众,广播公司负责录制和播送。

培训计划的内容由 12 个课题组成,如:

第一讲:功能性扫盲培训

第二讲:扫盲教师和学生的角色

第三讲:动机

第四、五讲:教学方法和技术

第六讲:评价

第七讲:功能性扫盲机构

第八讲:关键词、语素的学习

第九讲:阅读和写作

第十、十一、十二讲:新数学

巴西扫盲运动共组织了 5 300 个广播收听站,每站有 25—30 名扫盲教师参加。广播公司在全国广播网上播送 10 个 30 分钟的节目和 2 个 60 分钟的节目。这些广播也配有教材和手册。

在一些边远地区,由于难以收到正常的广播,于是就通过磁带录音机来授课。

通过广播来培训扫盲教师,不仅使扫盲教师熟悉了自己的业务,而且也可以使广大的公众了解扫盲情况,并能积极参与扫盲活动。

4. 通过电视培训扫盲教师

由于彩电在巴西已很普遍,巴西扫盲运动也充分利用电视来培训教师。

巴西扫盲运动与巴西教育电视中心签订协议,教育内容由巴西扫盲运动来确定,电视中心负责把这些内容拍成电视并按时播出。播送内容共分 36 讲,每讲 15 分钟。电视教学十分生动形象,包括出现有如何教一个文盲班的真实情景的画面,也有专门论述和分析教学方法。该电视节目既可以为培训目的组织教师观看,也可以组织文盲学员来看,这样可以促使他们更努力地学习。

第四节　巴西扫盲运动的成果

(一)巴西扫盲运动的若干特点

由于巴西 20 世纪 60—70 年代的社会经济的发展对劳力提出更高的要求,巴西的文盲问题已严重地阻碍了社会的发展。虽然文盲率已持续下降,但文盲的绝对数量在不断增长。为了解决这一问题,巴西政府通过立法,全权委托"巴西扫盲运动"这一组织负责承担消灭文盲的任务。

巴西扫盲运动这一组织具有的一些主要特点有:

（1）在扫盲过程中得到政府强有力的支持；

（2）在技术和经费上是独立的；

（3）有充足的资金来保证达到目标；

（4）充分动员广大民众参与以及社区的参与；

（5）具有足够的高质量的教材；

（6）具有高级专业资格的工作人员。

在短期内努力解决文盲问题的过程中，巴西扫盲运动采取了大规模的行动，涉及到该系统的全部力量，如组织、教材、人员培训、评价等方面都投入了巨大力量。此外，还采用了先进技术，包括运用广播、电视、资料处理中心等。

在功能性扫盲方面，巴西扫盲运动力图扫除大量的文盲，这就决定了必须要采取群众策略，弄清巴西人和巴西社会的基本特征，并要培训扫盲工作人员，以使他们在教学中能考虑当地的具体情况。

为了巩固扫盲的成果，巴西扫盲运动还与其他一些机构合作，制定和实施了"一体化教育计划"、"社区发展计划"和"文化扫盲计划"。这些活动给成人学生提供了极好的机会，使他们的文化知识得到提高，经济和社会状况得以改善。同时，在巴西整个教育体系中，这些活动也是迈向成人教育一体化的第一步，因而也为实现终身教育思想作出了贡献。

巴西人民对巴西扫盲运动所提供的教育机会作出了非常积极的响应。寻找机会继续他们的学业的青少年和成人都进入了扫盲班，从规模上来看，有些地区的扫盲班人数要超过正规教育制度的人数。从这种令人鼓舞的情况中，一方面可以看到社会发展的愿望触动了巴西人民，另一方面也可以看到巴西扫盲运动采用的教学计划、大纲、教材、方法是适应广大学生的具体需求和兴趣的。

巴西扫盲运动的影响已超越巴西国界，成为拉丁美洲和全世界促进教育发展的努力中的一个组成部分。巴西扫盲运动从未试图也未发现有必要发展某种理论或某种特定方法来实施扫盲，而是注重于建立适应于巴西人民的特点的机构体系和策略。巴西扫盲运动的经验再一次证明,在某些情况下,有可能,甚至在短期内,使所有的人脱盲并继续接受教育。因此,巴西扫盲运动的经验,值得各国的同行们进行研究。

(二)巴西扫盲运动取得的成果

从数量上来看,巴西扫盲运动取得的成果是巨大的,每年都有大量的文盲脱盲。然而由于巴西国内移民流动的情况以及各地区文盲率的不同,给统计工作带来较多麻烦。尽管如此,巴西扫盲运动仍然对1970—1972 年的扫盲效果进行了仔细的调查,从表 6—8 中可以看到巴西扫盲运动的实际效果:

表 6—8　功能性扫盲的效果(1970—1972 年)

年份	应参加扫盲的人数	实际没参加 %	最终的辍学率 %	学完课程未取得证书 %	总效益 %	脱盲人数
1970	510 340	33	19	61	33	169 943
1971	2 569 862	9	20	62	44	1 139 509
1972	4 274 624	5	15	64	52	2 222 500
总计	7 354 826					3 531 952

资料来源:UNESCO,MOBRAL—The Brazilian Adult Literacy Experlment,Educational Studies and Documents,No.15,1975,P.52.

调查是由市扫盲委员会进行,然后统计出各市应参加扫盲的人数,并将这一信息告知巴西扫盲运动中央办公室。在应参加扫盲的人数和实际上参加扫盲的人数之间也有一些差别。此外,在参加扫盲的人中,由于各种原因,也有一部分人中途退学了以及尽管有许多人学完了 5 个月的课程,但没有取得脱盲证书。在经过了这些复杂的过程后,最后估算出扫盲的总效益和脱盲的实际人数。

从表 6—8 中可以看到,1970—1972 年,实际没参加的人数从 33% 下降到 5%,最终的辍学率从 19% 降到 15%;完成扫盲课程的人从 61% 上升到 64%;扫盲的总效益从 33% 提高到 52%。

至于扫盲学生的辍学,原因也很复杂。据统计,主要原因可见表6—9。

尽管巴西扫盲运动取得了巨大成果(每两个参加扫盲的学生中有一个经过努力取得了成功),但是扫盲的任务仍然很艰巨。此外,巴西扫盲运动也还有动员和鼓励脱盲者继续学习的任务,因为在200多万人脱盲后,能立即参加一体化教育的人只有100万人。

表6—9　扫盲学生辍学原因及比例

原因	1970	1971
与工作相关的问题	30	44
疾病	20	33
学习困难	20	9
难以到达扫盲班	6	6
其他	24	8

资料来源:UNESCO,MOBRAL—The Brazilian Adult Literacy Experiment,Educational Studies and Documents,No.15,1975,P.53.

从质量上来看,评价一个教育计划,最重要的特点不是学习者已经获得了多少知识,而是在学习过程中学习者及其所在的社区产生的变化。应该说,教育目标(体现在个人与团体掌握新技能、形成行为方式方面)达标程度越高,教育质量也就越高。正如巴西扫盲运动的文献指出:"教育使人更理智、更清醒地认识到他周围的世界;教育在培养人们具有合作思想中产生重大影响。在某种程度上,这种状况与走向现代化的社会变革的需求有关。只有在全国范围都具有一种创造性的改革意识,才会产生这种变化。在培养促进社会发展的更新精神方面,教育发挥了重要的作用。"[1]

因此,在巴西,扫盲教育和成人教育基本上是属于社会性的。成人接受教育,可以看做是一种短期投资,但更应认识到成人享有公民权和

---

[1]　Arlindo Lopes Corrêa,Educação Permanente E Educação de Adultos no Brasil,Rio de Janeiro,Brazil,MOBRAL,1975.

参与地方和国家事务的权利,这就构成了教育过程的一种社会结果。对于处在劳动市场之外的学生,尤其是女性,这种社会结果具有极为重要的意义。而且,那些已经脱盲的人对教育与职业的期望也提高了,一方面他们要求继续教育机构给他们提供继续学习的机会;另一方面,国家也为他们建立人力培训机构。例如,巴西扫盲运动制定的两项计划(社区发展计划和文化扫盲计划)就对巴西社会产生了极大影响。这两个计划是一种广义的教育概念的结果,试图超越系统培训的范畴,直接关注人的其他方面,无疑这会影响到个人和社会的生活质量。

巴西扫盲运动的成果同样也体现在对参加扫盲的成人、教师及社区的影响上。

对于成人参加者的影响方面,巴西扫盲运动的作用是巨大的。一开始,成人对扫盲教育没有信心,在经过一段时间的学习后,成人开始感觉到他是具有很大价值的。这是因为已战胜了思想问题以及在扫盲班里建立了一种新的相互作用的关系,教育已成为个人生活计划中的一个有意义的目标。正如在巴西扫盲运动的一份总结中所说:"巴西扫盲运动对学生的社会一体化的影响主要表现在交新朋友、集体的团结、参加娱乐活动、相互帮助、作为巴西扫盲运动的一名学生的社会身份。"①此外,在教材中,通过教材的内容和形式,也促进学生具有一种自我评价和发展个人潜力的能力。在对扫盲教育和一体化教育的评价中,有35%的参加者说,他们脱盲后在工作中得到提升;13%的人取得了选举证;14%的人找到了工作。当然,脱盲了并非就能保证享有较高的社会和经济地位,但是在成人教育各阶段中取得的成果,使教育的价值升值,这不仅对成人参加者有益,也有益于他们的孩子。一旦学完了一体化课程,许多人的目标是在巴西扫盲运动体系中继续学习或到正规的学校体系中去学习;获得较好的工作以及最终具有一种更令人满意的生活方式。

----

① Brasil,MEC—MOBRAL,Problemas de Supervisión Y Evaluación en un Programa de Masa MO-BRAL,Rio de Janeiro,Brazil,MOBRAL,1973.P.49.

对于教学人员的影响方面,巴西扫盲运动也发挥了很大作用。通常,巴西扫盲运动的教学人员在以下两方面感到较满意:一是教成人比教孩子更简单并能提供更多的创造机会;一是投身于教育改革的运动中,对他们来说是一种很好的经历。但是,由于教学人员的情况不相同,所以受益的情况也不一样。对于大量的扫盲教师(约有 47%)来说,他们仅仅受过 4 年的教育,有的甚至更少,他们参加扫盲运动工作,除了能增加收入外,还有机会接受基本的培训,这对他们以后的工作很有利。对于那些非专业教学人员、中学生或大学生来说,与成人打交道对其目前和未来都是一种极为重要的人生体验。他们中的许多人认为,他们参加这种教学工作(也许是短暂的),不是为了经济上的原因,而是因为他们在从事社会服务时,他们具有向别人学习和自我学习的机会。对于既在正规学校教书,又参加扫盲工作的教师来说,在比较了两种不同的教学情况后,他们认为,他们在扫盲运动中获得的培训、经验以及教材,对他们在正规学校的工作都会有积极的影响。

对于社区的影响方面,巴西扫盲运动也作出了较大的贡献。从遍及巴西的扫盲工作的效果来看,巴西扫盲运动已使社区能意识到国家的问题;已建立了地方上的研究、规划、组织和监督的机构;已使社区领导起带头作用;已使长期排除在社会生活之外的人获得了新的生活。总之,巴西扫盲运动通过扫盲教育和一体化教育,增强了地方社区的内部凝聚力,并认识到在重大目标的实施过程中,地方社区是国家的一个组成部分。因此,在这种发展过程中,社区能够不断取得经验,从而有利于处理其他方面的问题。

(三)巴西扫盲运动产生的国际影响

文盲问题已是一个世界性的问题,尤其是在发展中国家,到本世纪末仍将是一个严重的问题。许多国家为了扫除文盲,动员了大量的人力和财力,并取得了较好的成果。

这种世界性的扫盲工作的展开,也促使巴西扫盲运动建立了"国际关系部"。该机构的主要功能是交流信息、安排国外来访人员、组织国际会议等。

每年,巴西扫盲运动都要组织大量的活动来举行"国际扫盲日"(9月8日)。在联合国教科文组织发起国际扫盲日的过程中,巴西扫盲运动于1972年荣幸地受到了"默罕穆德·累萨·帕拉维"(Mohammad Reza Pahlavi)提名奖。

巴西扫盲运动也鼓励工作人员积极参加国外举办的有关会议或培训课程,一方面可以了解其他国家的扫盲状况,另一方面可以利用机会宣传巴西扫盲运动以扩大影响。例如巴西扫盲运动的一些专业工作人员参加了拉美农村功能性扫盲中心(在墨西哥)举办的培训班和拉美成人教育中心(在委内瑞拉)举办的培训班以及在阿根廷和其他国家召开的扫盲教育和成人教育研讨会。

同时,在巴西国内也举办过多次国际性的会议。例如在亚马逊地区召开了拉美农村功能性扫盲研讨会以及美洲国家成人教育研讨会(这是由巴西扫盲运动与联合国教科文组织合作召开的)。

此外,巴西扫盲运动还与其他国家合作,为其他国家培训扫盲工作人员。例如,在巴西和塞内加尔的文化协定中,就包括有两国在扫盲领域中进行的合作。塞内加尔扫盲教育主席对巴西进行访问,考察了巴西扫盲计划,并决定在巴西举办扫盲教师培训课程,培训塞内加尔和非洲其他国家的人员。该课程为期一月,包括实习,培训费用均由巴西扫盲运动负担。

(四)巴西扫盲运动的发展

从1967年建立巴西扫盲运动以来,巴西扫盲运动经历了3个阶段。

第一阶段(1967年底至1970年9月),主要是通过与政府机构和非政府机构签订协议,争取资金来开展扫盲教育。由于这些协议仅关注于扫盲计划,因此在某些情况下限制了活动的开展。这样,在这一阶段中取得的成果并没有满足需求和达到目标。此外,巴西扫盲运动在行政管理上仍具有教育行政管理部门的特点,而没有成为一项专门的工程或计划。

第二阶段(1970 年 9 月至 1980 年),巴西扫盲运动,以国际扫盲日为契机,开始重新组织扫盲运动组织结构,其主要结果有:

1. 巴西扫盲运动全面负责计划和实施扫盲活动。

2. 市成为扫盲计划的执行机构。

3. 确立了充分可靠的资金来源。

4. 为扫盲计划提供充足的教材。

总之,巴西扫盲运动已具有大型工程的特征,目的是要解决文盲问题。

第三阶段(20 世纪 80 年代以来),是巴西扫盲运动工作的转折阶段。在 20 世纪 80 年代之前,巴西扫盲运动的重点是青少年和成人的扫盲与终身教育;20 世纪 80 年代以来,为了遵循巴西教育部的新政策(注重基础教育与文化),巴西扫盲运动也制定了新的政策。尽管巴西扫盲运动并没有脱离成人教育,但这以后却加强了基础教育方面。为了与教育部的工作重点相一致,巴西扫盲运动的重点已转到学前教育和补充教育上来了。

因此,以前实施的一些计划,已不再作为一个独立机构实施的计划。其中有些计划已并入其他正在实施的计划中,有些计划则由新的机构来实施。因此,巴西扫盲运动进行了全面的调整,使其开展的活动面向现实,更多地参与社区的教育。

巴西扫盲运动实施社区教育的特征是与社区以及社区的所有问题保持一种动态的关系。而巴西扫盲运动与社区之间的合作,是建立在巴西扫盲运动、其他机构和社区三方面协商的基础之上的。

在巴西扫盲运动将工作转向学前教育的过程中,巴西扫盲运动与市

教育局联合起来一起开展工作。在这方面,巴西扫盲运动实施的策略是:

1. 将其活动的重点放在4—6岁儿童身上。

2. 支持教育局和其他机构开展的运动。

3. 在贫穷的郊区实施补充教育,之后扩展到农村地区。

4. 扩展和改善1981年建立的"早期儿童开发班"。

巴西扫盲运动还通过补充教育活动来支持社区的基础教育。巴西扫盲运动提供的补充教育包括给学校系统和其他机构实施的计划提供支持。因此,巴西扫盲运动开展的活动尽管是多种多样的,但最终仍然围绕着为教育机构和社区服务。

第七部分　保罗·弗莱雷的教育理论和实践

第一节　保罗·弗莱雷的生平及其影响

（一）保罗·弗莱雷的生平

保罗·弗莱雷（Paulo Freire）于 1921 年出生在巴西东北地区伯南布哥州累西腓附近一个叫雅博阿唐的小市镇。他从小就好奇性特强,不仅不停地向父母提问,也向自己提问。弗莱雷的家境并不宽裕,父亲是州警察局的普通军士。在弗莱雷 13 岁时,他的父亲就去世了。9 岁时,为了在经济上能帮助家庭,他就开始工作。

保罗·弗莱雷少年时代就深深体会到生活的艰难和了解到社会的残酷。在他出生的小市镇,他看到了众多的劳工生活艰难困苦。为摆脱他们的命运,举行过多次罢工和起义,然而一次次罢工和起义均遭到镇压。这一幕幕可怕的情景,特别是 1930 年革命时期的镇压情景,给年少的弗莱雷留下了不可磨灭的印象。费莱雷的生命也经历过一次严峻的考验。在他 20 岁那年,患上了肺结核病,差一点夺去了他的生命。

保罗·弗莱雷在读大学时,也和那些从内地来到州府上大学的收入微薄的人们一样,一边学习,一边挣钱谋生。正因为他要靠自己的劳动养活自己,他的学业进展缓慢。大学毕业后,弗莱雷开始从事工会工作,在瓦加斯总统执政时的劳工法系统内工作。不久他又被巴西的工业社会服务社聘为专家。由于他在工业服务社的杰出的表现和进行的一些创新活动，弗莱雷开始受到人们的注意。

作为教育家，弗莱雷的最初的经历开始于20世纪40年代。他在伯南布哥州里领导一个教育部门，主要是初等教育部门。他因为站在地方主义的立场上批评东北地区的小学义务教育而闻名。

保罗·弗莱雷最初的成就是在成人扫盲工作中取得的。20世纪50年代，弗莱雷开始在巴西东北地区参加成人扫盲工作，这使他积累了不少成人扫盲的工作经验。在20世纪60年代初期，弗莱雷参加了"累西腓民众文化运动"并担任"累西腓民众文化运动"成人教育计划的总协调员。通过参加"民众文化运动"，弗莱雷与这一文化圈的成员经常聚集在一起，讨论民众问题和扫盲问题。在这个基础上，弗莱雷形成了他的成人扫盲法的基本思想。随后，在阿黑谷斯、北里奥格朗德、累西腓以及巴西利亚首都的卫星城市中，弗莱雷运用他的成人扫盲法，进行了许多教育实验，并取得令人瞩目的成就。在古拉特（R.Goulart）总统执政时期，弗莱雷担任了教育部全国扫盲计划协调员，并在全国各地组织扫盲协调员的培训工作。由于弗莱雷出色的工作以及长期的教育实验所取得的成果，尤其是他的解放教育的基本思想的流传，弗莱雷的影响瞬间就从累西腓扩大到整个东北地区，很快又闻名于全国乃至全世界。

1964年，巴西发生了军事政变。弗莱雷遭受了军事政权的监禁，后又被驱逐出境。从此以后将近20年，弗莱雷一直过着流浪的知识分子生活。1964年去玻利维亚，在那里发生政变后又被流放到智利。在流亡期间，弗莱雷曾任智利大学教授，美国哈佛大学客座教授，并曾参与了智利阿连德政府的农村教育工作，几内亚（比绍）阿米尔卡·卡夫拉尔革命政府以及非洲数国进步政府、尼加拉瓜革命政府、格林纳达毕晓普政府的民众教育顾问工作。在这段漫长的既有政治、文化内容，又有语言学内容的艰苦历程中，弗莱雷学到了许多新的经验性知识，进一步表明和加深了他的政治观点并形成了他的教育思想和理论。

20世纪80年代初,巴西在军人统治十多年后,随着经济的发展,要求重新民主化的呼声日益高涨,巴西正处于一个走向更民主化的政权的转变时期。这一时期,军人政权开始执行"开放政策",即恢复被取消的政治权利,允许被流放到国外的人回巴西。在这种形势下,弗莱雷终于结束了流亡生活,于1980年回到了巴西。

回到巴西后,不知疲倦的弗莱雷继续投身于民众教育的事业。由于他长期流放在国外,因此,在他回到巴西后,他要"重新认识巴西"。[①] 这样,他马不停蹄地奔波于全国各地,举行讲座,与师生交谈,并且每星期至少花两个下午的时间与贫民区的人们交谈。此后,他一边从事理论著作,发表了大量的谈话记录;一边在圣保罗天主教大学和卡皮那斯大学担任教授,并经常去授课。他既与民众教育工作者进行讨论,又经常出席国内外的研讨会和各种大会。他寻求和利用各种机会,宣讲和传播他那更为成熟的教育思想和理论。

此外,他还创立了叫做"凡莱达"(Vereda)的教育中心,该中心聚集了许多曾参与20世纪60年代民众教育计划的同仁,共同探讨教育问题。他还参与了巴西工党教育委员会的工作,并接受了圣保罗大学工党名誉主席(弗莱雷是在日内瓦加人工党的)的职务。

1986年8月,弗莱雷的妻子艾尔莎因心脏病而去世。弗莱雷21岁时就认识了艾尔莎,一年后结为夫妻。共同的教学生涯使他们互敬互爱。艾尔莎的去世对弗莱雷的打击巨大,他不仅失去了心爱的朋友和伴侣,也不见了他以往的那种充满活力的乐观精神。1988年,弗莱雷再婚。弗莱雷以前的学生、长期的朋友安娜·玛丽兹·阿拉乌何成为弗莱雷的妻子,从而也使弗莱雷重新恢复了活力。

1989年,保罗·弗莱雷进入了巴西最大的城市圣保罗市的市政府领

———————————————

① Paulo Freire,Pedagogy of the City,Continuum,New York,1993,P.133.

导层,担任了圣保罗市的教育局长。除了领导圣保罗市的成人教育和扫盲工作外,弗莱雷还负责管理全市662所初等学校,共有72万学生。在弗莱雷的领导下,圣保罗市教育局实施了许多教育计划和教育改革。这使得弗莱雷终于有机会将他的民众主义教育思想在自己的国家中付诸实施,并且不是以学术顾问的身份,而是以一个大城市的决策者的身份来实施的。

1991年5月,由于种种原因,弗莱雷正式辞去了教育局长的职务,但接替他的仍是他的一个亲密的合作者。同时,弗莱雷也答应仍保留其市政府"荣誉大使"的称号。

在弗莱雷辞去了圣保罗市教育局长之后,他继续从事担任局长之前就承担的四本书的写作。弗莱雷仍然保持了他的乐天派性格,尽管他已70多岁了,但他还觉得"自己很年轻,生活是充实的",因为他"热爱生活"。[①]

当被问起他对自己一生的评价时,弗莱雷坦然地说:"我认为我不在世时可以得到这样的评价:保罗·弗莱雷是一个活着的人。他懂得生活和人类的存在是因为他具有爱和对知识的追求。保罗·弗莱雷活着、爱着并不断探索。正因如此,他是一个具有强烈好奇心的人。这就是我希望的对我一生的评价,即使我的所有的教育论述不再引起人们的关注。"[②]

(二)保罗·弗莱雷的影响

保罗·弗莱雷的主要贡献是提出了以培养批判意识为目的解放教育的理论。他从文化人类学的角度,探究了教育与觉悟的关系,指出了教育要与人的觉悟过程联系起来;他从成人扫盲教育着手,注重于教育与现实相结合,提出了情景提问对话式的教学方法。弗莱雷提出的许多

[①]　Paulo Freire, Pedagogy of the City, Continuum, New York, 1993, P.135.

[②]　Paulo Freire, Pedagogy of the City, Continuum, New York, 1993, P.136.

思想和观点,一方面具有强烈的政治意义,另一方面对教育以及教学改革具有极为深远的意义。

自从弗莱雷闻名于世之后,立即就引起了世界各国的学者对弗莱雷的思想和理论的广泛研究。然而,由于人们所处的环境、具有的观点、研究的角度均不相同,因而对弗莱雷的评价也贬褒不一,有的甚至截然相反。弗莱雷自然也成为一个众说纷纭的人物。

人们说不清弗莱雷到底是怎样一种人,不知道了解到的弗莱雷的观点是否正确地反映了他本人的真正思想。也许,对弗莱雷了解的程度是受多方面因素的影响的。第一是语言,弗莱雷使用的语言是葡萄牙语,对于使用其他语种的人来说,只能阅读其翻译著作。在弗莱雷的著作中有些部分的文字本来就艰涩难懂,再加上是翻译过来的,使许多研究人员不得不费尽脑汁来钻研他深奥的译作。尽管以后出版的一些著作大多是以谈话的方式来写的,具有口语化的特点,但是他的思想表达方式与其他语种的主流表达方式完全不同,也使人们较难掌握他的全部思想。第二是弗莱雷的思想糅合了当代众多的思想,他的哲学观点均反映出他受当代的主流哲学思潮影响较大,如存在主义、现象主义、马克思主义、文化人类学、结构主义、后现代主义等。从弗莱雷的著作中表现出的是一种庞杂的思想体系,亦令许多人如堕云雾。第三,对弗莱雷的研究,许多人往往带有很大偏见。一些人在评价时,既没有充分注意到弗莱雷所处的历史背景,也没有仔细阅读其著作;另一些人由于政治观点、思想意识的不同,也竭力歪曲弗莱雷的思想。弗莱雷的思想基本上是一种反主流文化的激进思想,这自然会受到维护主流文化的当局的指责和攻击。

因此,出现对弗莱雷的各种评价也是自然的了。实际上,弗莱雷在其一生中的不同时期都受到各种争议,如弗莱雷早期在累西腓工作时,有人就指责他是一个共产主义分子,尽管他当时从事的是天主教职业活动;当弗莱雷1964年受监禁遭难时,也有人攻击他背叛;他在美国受到青年人欢迎的同时,却受到教育专家的鄙视。有人称赞他对巴西社会的批判精神,也有人认为他是一个乌托邦式的梦想家,幻想通过教育来改变一切;有人认为他鼓吹革命,但无力实现革命;一些人认为他在拉美思想界所起的作用可以和黑格尔在欧洲思想界的作用相比;也有人称弗莱雷是拉美的杜威;有人说他是哲学家,也有人称他是教育家……

总之,人们从各个角度来研究弗莱雷,对弗莱雷的思想作出各种解释,而弗莱雷的真正面目却令人难以辨认了。

尽管对保罗·弗莱雷的教育思想存在不同的理解和不同的看法,对其进行全面的评价也有很大的难度,但是无疑,保罗·弗莱雷已成为巴西以及第三世界国家最著名的教育家,也是世界著名教育家之一。专门研讨弗莱雷的教育思想的国际研讨会也时常举行。弗莱雷的许多著作,曾被多种语言翻译出版,影响到世界许多国家。仅他的代表著作《被压迫者的教育学》一书,就被翻译成16种文字,在世界各地流传。

保罗·弗莱雷的主要著作有:

——《作为解放实践的教育》(1965年),这是弗莱雷的第一本代表著作,是他早期教育思想的总结。他提出了著名的将扫盲与觉悟、解放相联系的思想和成人扫盲的有效教学方法。

——《被压迫者的教育学》(1969年),这是弗莱雷流亡期间在智利参加农村教育实践后对教育与阶级的关系的论述,尤其是提出了教育的政治性问题。这是他的最主要的代表著作。

——《为了自由的文化行动》(1975年),这是弗莱雷在美国任教时所经受的思想变化的总结。

——《发展中的教育学——几内亚(比绍)信札》(1980年),这是一份对非洲国家具体实践的调查材料,也是一个关于扫盲教育理论的批判性研究报告。

——《城市教育学》(1993年),这是弗莱雷任圣保罗市教育局长时的谈话录。在该书中,弗莱雷将其理论运用于实践,提出了民众教育在重构民主社会中必须发挥重大作用,主张加强关注全体儿童的教育。

第二节　保罗·弗莱雷教育思想产生的背景

保罗·弗莱雷的解放教育思想的产生,具有一定的社会历史背景和深刻的思想渊源。因而,在分析和研究弗莱雷教育思想的过程中,不能离开弗莱雷所处的具体环境,即地区背景、巴西全国的背景、拉丁美洲的背景乃至世界范围的背景。只有如此,才能更好地理解为什么弗莱雷提出了他的解放教育的理论,更为客观地评价弗莱雷的教育思想及其具有的影响。

(一)巴西东北地区的背景

保罗·弗莱雷出生在巴西东北地区。他长期生活、学习和工作在这一地区,除了去过一两次巴西的南方,至 43 岁时,他所熟悉的仅仅是巴西的东北地区。然而,正是在这一地区,培养了他的坚韧不拔、勇于批判的精神,奠定了他的解放教育的思想基础,形成了他的独具一格而丰富多彩的理论观点。

巴西的东北地区,是巴西全国较落后的一个地区,与东南地区的差距极大。然而,累西腓却一直是东北地区的一个重要的中心城市,濒临大西洋,是个海港城市,它的地理位置也较易于接受外来思想。

累西腓的知识分子具有较强的好奇心,对外来的新事物较敏感,经常与来到累西腓的外国人交谈,易于接受各种不同的思想观点。从德国的古典哲学到法国的实证主义,从英国的自由主义到伊曼纽尔·穆尼埃的天主教信条,都不同程度地影响过这一地区。

弗莱雷长时期来就牢牢地扎根在这片土地上。在这一地区,弗莱雷从小就感受到了当地民众的生活困苦以及劳工斗争的残酷。大学毕业后,他先从事工会工作,后又在工业服务社工作,结交了当地一些知识分子,试图取代瓦加斯统治时期的巴西政界和知识界。在弗莱雷青年时期,他已具有一种民主激进的、反主流的思想,这将构成其教育思想的一个重要组成部分。

弗莱雷曾想任教于大学,但他申请教授的职位未获成功。在朋友的帮助下,弗莱雷留在大学工作,负责学生工作。这是一件棘手的差事,因为当时学生会的骚动和罢课活动频繁,学生们反对少数人统治学校和传统的学术界的寡头统治。弗莱雷不仅巧妙地利用了自己的权力完成了这一任务,而且还使学校对他更为信任。这也使得他有机会促使大学参与到地方的现实生活中去。

20世纪60年代初,弗莱雷全身心地投入了累西腓的民众文化运动,致力于成人教育计划。直至1964年,巴西军人执政前,弗莱雷一直工作在东北地区。

这种对乡土的依恋,也形成了一种引起巴西地区文化冲突的根源。20世纪60年代初,在库比契克总统的政府领导下的巴西,正在热火朝天地走向发展现代化的道路,确立了新的发展中心,即里约热内卢——圣保罗——巴西利亚这样一个三角地带。在全国发展政策中,也较注重边远地区的发展,建立了东北地区开发管理局,促使累西腓发展成了东北地区的工业中心。然而,地区的发展也带来了许多社会问题,加重了社会文化的紧张局势。这种状况,也使具有社会主义倾向的左派第一次通过合法手段在东北地区掌权。在政治倾向上的这一发展,反映了累西腓发生的深刻变化,这时的累西腓也已成为拥有以农村移民为主体的、众多卫星城的这样一个特大工业城市。同时,城市的发展加重了贫富差别。城里和郊区的最贫困的民众因生活艰难无法忍受而奋起反抗,农民也组织成"民团",争取拥有自己的耕地。天主教会和左翼政党,也都想在农业工人工会中施加各自的影响。再加上传播媒介的发展,把全新的消费模式、价值观念和形形色色的生活画面,展示给一直由一个统治阶级控制的社会,从而产生了很大的震动,也加快了民众要组织起来的趋势。

所有的这些变化,尤其是具有文化性质方面的,使东北地区的知识分子受到很大压抑,他们感到越来越依赖于南方的影响势力,受支配于全国的主流文化。这种从属地位的感受,终于遭到了东北地区地方主义的反抗。这种反抗意识从累西腓大学开始,逐渐波及到其他大学,政府组织的文化艺术运动也都支持这一反抗意识,就连天主教会也都参与了这类行动。

在巴西东北地区发生的这些形式相似但思想意识各异的运动,无疑对弗莱雷的思想发展产生强烈影响。在他后来提出的解放教育理论中,可以看到带有当时的这种反抗主流文化的意识。了解这一地区的背景,对弗莱雷为什么提出解放、觉悟、批判等观点也就更能理解了。

(二)拉丁美洲的背景

自从弗莱雷的《巴西的教育与现实》(Educasão e Atualidad Brasileira)1959 年在巴西累西腓出版后(以后又经修订,改名为《作为解放实践的教育》),保罗·弗莱雷的思想在拉丁美洲的教育实践中产生了巨大影响。

弗莱雷的解放教育的思想形成于拉丁美洲阶级斗争中政治矛盾很尖锐的时代。因此,从拉丁美洲历史发展过程中来考察弗莱雷的教育思想的形成以及理解为什么弗莱雷的思想在拉丁美洲那么流行,是极为重要的。

在 20 世纪 60 年代,拉丁美洲发生了若干相互关联的重大事件。一是古巴革命成功,建立了拉美第一个社会主义政权;二是在民粹主义的影响下,民众力量的相对发展和巩固(特别是工人阶级的工会和左翼政党);三是美国加强了对拉美的渗透。如肯尼迪政府提出并支持的"进步联盟计划",为拉美地区的经济、政治和教育计划提供了大量的财政援助。在美国加强对拉美地区渗透的同时,拉美国家通过进口替代,工业化的进程不断扩展,并向多样化的方向发展。在农村土地改革的过程中,拉美国家力图改变传统农业的操作模式,试图促进农业综合企业的发展。在改变原来的经济和政治结构中,这些倾向具有极大的意义。

在这一时期,拉美国家中已出现了"独裁危机"的早期症状。尤其是民粹主义经历(如庇隆主义、瓦加斯主义)的出现,只不过是 20 世纪 30 年代寡头政治危机和 20 世纪 60 年代在南美国家试图建立资本主义工业资产阶级独裁之间的一个插曲。随着这种努力的失败以及民众的政治活动一浪高过一浪,促使了资产阶级集团求助于政变来使军人掌握国家政权,这也成为维护资产阶级秩序的唯一手段。

军人执政的结果,导致拉美国家民众革命运动的兴起,拉美各国按各自的历史经验,以不同的方式和策略开展了轰轰烈烈的民主、民众运动。

在这一时期,保罗·弗莱雷提出的作为解放实践的教育的观点以及被压迫者的教育学的观点(与当时盛行于拉美教育界的教育实证主义和实用主义不同),自然为拉美地区的进步的教育工作者所接受并加以试验。

也正是在这一时期,拉丁美洲社会的政治和法律,基本属于民主资产阶级性质,这些民众运动才能够组织政治性的群众运动,有时候也对抗资本主义政府。因而,在这种背景下,强烈的反资本主义、反帝国主义的政治斗争也经常发生,同时也包含对人权的尊重。这种状况与 20 世纪 70 年代和 20 世纪 80 年代早期是不一样的。从这方面来看,20 世纪 60 年代代表了这样一个时期,即像弗莱雷那样的政治教育学才能够在拉美产生,并对世界上的进步教育机构产生影响。

第三节　保罗·弗莱雷的早期教育思想与实践

（一）扫盲应与觉悟联系起来

保罗·弗莱雷的教育思想产生于他所从事的巴西的扫盲教育实践。从 20 世纪 50 年代起,弗莱雷就开始从事成人扫盲工作。在长达 15 年的实践过程中,弗莱雷不但形成了许多新的教育思想和观点,而且还运用适合于成人学习的新的教学方法,并取得了巨大成就。弗莱雷的早期教育实践所产生的影响已远远超出了扫盲工作的本身,他的教育实践已成为他的教育思想的一个重要来源。

保罗·弗莱雷的早期教育实践活动主要是在巴西东北地区的累西腓开展的。在 20 世纪 60 年代初,弗莱雷参加了"累西腓民众文化运动",并参与制定了"成人教育计划"。在累西腓民众文化运动中,弗莱雷担任了成人教育计划的总协调员。按照成人教育计划,弗莱雷与其同事建立了两个民众教育和文化的机构,一个叫"文化圈"（Círculo de Cultura）;另一个叫"文化中心"（Centro de Cultura）。这些机构的活动主要是组织小组讨论。小组讨论计划是由小组成员自己提出来的。通过与小组成员的交谈,协调员列出小组要讨论的题目,如民族主义、外汇流失、巴西政治进程、发展、文盲、文盲的投票权、民主等这些题目,都是各小组提出的题目的一部分。在小组讨论中,弗莱雷主张尽可能用图示的方式来进行,在视觉的帮助下,通过对话将题目内容讲述给小组的成员。

在试验 6 个月后,弗莱雷想知道的是,同样也用一种积极的方法,是否可能在分析巴西现实的过程中,得到在成人扫盲中相同的结果。在实践中,弗莱雷一开始就撇开任何纯机械的扫盲设想,而是考虑将扫盲和觉悟联系起来,要培养人们具有批判的意识。同时,也要将扫盲直接、真正地与文化民主化联系起来,也就是要在扫盲中引进这种民主化。实际上,扫盲本身不是一种忍耐的过程,使人们接受已有经验和提供学习内容之间存在巨大差异的现实。只有具有极大忍耐力的人,在一天辛勤劳作后,才能坐下来学习与他们生活不相干的事情。扫盲不是要使人具有忍耐力,而是要发展一种急迫性、机灵性、探索性和创造性。①

因此,弗莱雷对以前的教学内容和方法进行了改革。弗莱雷等人设计了一系列与人们的现实密切相关的情景,配上图画,用对话的方式来讨论情景中的一些问题。

用这些简单的话题,在小组中开展讨论,小组中人与人的关系不像以前那样是属于受支配或受改革的,而是平等的,大家都是主体,是主体与主体之间的关系。

这样,人通过劳动与世界发生关系,人通过创造和再创造的活动,为自然世界制造出它所没有的东西,这就是文化现实,在这种既处于现实中,又与现实发生关系之中,人建立了一种特殊关系——从主体到客体,因而产生了通过语言表达的知识。

这种关系是由人来建立的,而不管他是否是文盲,只要人们去建立这种关系就足够了,只要人们能够从现实中获取资料就足够了。只要能够获得知识,即使这些知识是有争议的。这里不存在绝对的愚昧,也不存在绝对的聪明。人们在获取现实资料、现象、问题情景时,也获取了与其相关的因果关系,这样也就学会理解因果关系。这种理解越深入,就越能产生一种批判意识。对于批判意识来说,真正的因果关系本身,总是要受到分析(今天是这样的,可能明天不是了)。

(二)扫盲应培养批判意识

在《作为解放实践的教育》一书中,弗莱雷区分了这样的三种意识:②

1. 批判意识——是对事物和资料的再现,就像在经验主义的存在中

---

① Paulo Freire, La Educación como Práctica de Libertad, Texto de Programa de Magister en Educación, Universidad de Trapacá, Chile, 1988.

② 同上。

以及在因果和权变相互关系中所产生出的那样。

2. 单纯意识——与批判意识相反，认为意识高于事实，是从外部来支配事实的，因此，主张按照较好的感觉自由地理解事实。

3. 神秘意识——获取事实并给予至上的权力，从外部来支配意识同时又顺从地屈服这种意识。这种意识是一种宿命论，面对事实的力量，人们无能为力、束手无策。

弗莱雷指出，批判意识是与现实结合在一起的，而其他两种意识是超现实的，凌驾于现实的。对现实的理解，迟早要产生行动，而行动的性质往往与理解的性质是一致的。如果理解是批判性的或批判占主导的，行动也是如此。如果理解是神秘性的，行动也是神秘的。

因此，弗莱雷提出，教育要置于现实之中，应按现实条件来确定所需的教育。实际上，教育是一种工具，因为教育与时代和空间结合在一起，并使人们思考要成为主体的本体论志向。弗莱雷主张在教育中要用积极的分析方法，通过挑战性的情景讨论，使人们具有批判能力。

根据弗莱雷的思想，怎样来实施这种教育呢？怎样给民众提供一种环境来改变面对其现实的神秘的或单纯的态度呢？如果是文盲，又要用什么方法帮助其参与？弗莱雷提出以下的三种方法：

1. 用积极的、对话的、批判的方法；

2. 用改变教育内容的设计方法；

3. 用浓缩和组合的技术。

什么是对话？弗莱雷认为，对话是 A 与 B 的一种平行关系。这种对话具有爱、谦虚、期望、信念、信心的许多成分。如果对话双方用爱、信念、期望来相互联系，双方建立了一种亲密的关系，那么在探寻事物的过程中才能产生批判意识。只有进行这样的对话，才有交流。因此，弗莱雷赞同对话是一种必不可少的途径，这不仅仅对政治上的重要问题而言，而且也是对整个人类而言。只有相互信任，才能激励对话，使对话有意义。

弗莱雷竭力反对传统教育中的不对话。弗莱雷认为，这种不对话是A对B的一种垂直关系。不对话表现的是冷漠无情，不怀期望，也不会产生批判意识。总之，不对话就没有交流。弗莱雷提倡一种交流的教学，这样才能战胜不对话所产生的冷漠。

对于教育内容，弗莱雷主张，人们进行对话，对话所谈的东西应该成为新设计的内容。他认为，这种新的内容能帮助脱盲者战胜神秘意识或单纯意识并不断发展批判意识。这种新的内容可以是文化人类学的思想，包括两个世界的划分：自然世界和文化世界；人在现实中以及对现实所起的积极作用；人们在交流和发生关系中，自然具有的调解性；文化是人类对世界的一种贡献；文化是人类劳动的结晶，是创造者和再创造者努力的成果；人们之间关系的重要性；文化的人本这方面；文化是人类经验的系统获取，是批判和创造的一种混合，而不是给予的信息和指示的并置；文化领域中的民主化；掌握读和写是一把钥匙，脱盲者用这把钥匙可以进入书写交流的世界；人处于这个世界，接触这个世界，人是起主体作用的，而不是纯粹的，永久的客体。

在这种新内容的学习过程中，脱盲者开始改变其过去的态度。他能够批判性地发现，他是文化世界的创造者，以及不管是他还是知识都具有创造和再创造的活力。他还能够发现，不管是普通的手艺匠制作的泥娃娃，还是伟大的雕刻家、画家、作家、思想家的作品，都是一种文化。伟大诗人所写的诗篇与通俗歌曲集一样都是属于文化的，因为文化是人类的所有创造。

为了在教育内容中引进文化的概念以及认识论和人类学的概念，弗莱雷等人将这些概念和思想"浓缩"为一些基本特征，"编集"成10个情景，并通过"分解"，提供给小组成员，引起他们的讨论。他们还邀请巴西当代著名画家将这些情景画出来，给每一个情景配上一幅图画，一方面可以通过视觉的帮助更好地理解各个情景，另一方面在教育和艺术之间实行了一种完美的结合。

在第一个情景中，主要是引起脱盲者的好奇，引起他们的讨论，看看他们是如何来回答情景中的问题。在各个情景中，都安排有若干个成分，在协调员的帮助下，使脱盲者能够进行分解。

通过加强对情景的对话，参加者对各种问题作出了不同的回答，对情景具有一种总体的认识，因此，全体参加者就形成了一个"圈"，即"文化圈"。当这种认识与小组的现实越相一致，那么小组的参加者就越有积极性。

这种联系现实的情景讨论法，取得了巨大成果。绝大多数人获得了文化人类学的概念，感到很愉快，增强了自信心。虽然向他们展示的不是什么新的内容，但确实使他们重新想起和思考了一些问题。

例如：

——"我是皮匠，现在我发现，我和作家都具有相同的价值。"一个皮匠说。

——"明天，我将昂首挺胸去劳动。"一个巴西利亚市马路清扫工在讨论文化概念时说。

——"我现在才知道我是有文化的。"一个老农说。问他为什么，他回答说："因为我劳动，通过劳动来改变世界。"

在学完第一个情景后，人们了解了两种世界（自然世界和文化世界以及人在这两种世界中的作用），接着就提供另一些情景，时而确定，时而扩大文化领域中的理解范围。

讨论的结论也是围绕着文化方面，如怎样系统获取人类经验，要通过文化知识来获取，不应像文盲那样，仅仅通过口头用图示来进行。至此，结束了文化民主化的讨论，继而开始进行扫盲工作。

整个讨论都是高度批判性的和激励性的。脱盲者批判性地理解了掌握读与写的必要性，都准备成为这种学习的主人。

通过不断学习，脱盲者认识到，扫盲不只是简单地在心理上和技能上掌握读和写，而是要在意识方面掌握这些技术，也就是理解所读的和写出所理解的。

这种学习并不意味着要通过视觉来记忆以及机械地学习脱离现实的句型、词汇、音节,而是培养一种创造和再创造的态度。这种学习是一种自我培养、自我教育,通过这种自我培养,可以产生人类改变环境的态度。在这个过程中,教育人员的作用基本上是与脱盲者对话,谈具体的情景,给他们提供工具,让他们自己用这种工具来扫盲。

因此,弗莱雷指出,扫盲的开展不能从上到下,作为一种"给予"或"强求",而只是在教育人员的合作下,通过脱盲者自己,从内向外来进行。为此,就要寻求一种方法,这种方法不仅仅是教育人员的工具,也是受教育者的工具;同时也要确定学习内容和学习过程。

弗莱雷从来就不相信挂图式识字课本的作用,他认为,这种图示的学习是一种给予和强求,是将脱盲者看作是客体,而不是脱盲的主体。另一方面,他认为要考虑浓缩葡萄牙语音节学习中的基础部分,即所谓的"原生词"(las palabras generadoras)。弗莱雷指出,不需要学习葡萄牙语中构成语音基础的 40、50 或 80 个原生词,要掌握那么多实际上是浪费时间。弗莱雷认为,只要学习 15 至 18 个就足够用于觉悟化的扫盲过程了。

(三)扫盲实验的过程和方法

在进行试验的过程中,弗莱雷首先开展了 5 个阶段的前期工作,然后再开始具体操作。这五个阶段的工作是:

第一阶段:建立小组的通用词汇

通过访问,搜集与居民生活环境密切相关的词汇,既有现实意义的词汇(大部分是感情内容上的),又有人们典型的词汇。这些词汇表达独特,与小组成员从事的职业经历有关。对教育人员来说,该阶段的工作取得了很丰富的成果。他们不但与居民建立了关系,而且还学会了民众语言的习惯用法。

第二阶段:在搜集到的通用词汇中进行选择

选择的标准主要是:

1. 语音的丰富性;

2. 语音的难度(选择的单词的难度应由浅入深排列);

3. 单词的实用色彩,大多数是深入到社会现实、文化、政治等的词语中。

第三阶段:建立小组典型的情景

这些情景的作用是要激励小组。这些情景是由许多情景问题编集而成,这些情景具有一些成分,在协调员的帮助下,将由小组来进行分解。对问题的讨论,以文化人类学的思想来进行,使小组成员觉悟起来进行扫盲。这些情景是取自于地方上的,但却展示出对地区和全国的问题的分析。在情景中,安排一些原生词,一个原生词可以概括整个情景,也可以指的是情景中的一个成分。

第四阶段:制定指导原则

制定指导原则主要是帮助协调员工作,不应严格规定或要求他们必须服从和遵循。

第五阶段:制作原生词音节分解卡片

最大的问题不是在学习过程的纯技术方面,而是在如何制作卡片和图画,通过卡片和图画产生一种新的态度,也就是协调员进行对话的态度是一种真正的教育,而不是驯服。因为你和我的对话关系必须是两个主体的关系。在这种关系中,只要你变成客体,就会有损于对话,不再成为教育。因此,为了保证这一过程,还需要视导员,也是通过对话来进行。协调员和视导员将这些材料制作成幻灯片、图画并在制作好的情景讨论中进行培训,接受指导,然后就开始工作。

以下是具体的操作过程:

先将一个原生词插放在一个情景中,然后围绕该词的意义进行讨论。讨论后,再来分析或分解该词。教育人员再一次用画面展现原生词,是展现而不是要背诵,并在词与情景中的物之间建立语文关系。然后用另一架幻灯或图画展示词,而不是展示物。同时将该词分成音节,在熟悉了各个音节后,再展示所学的词的语音组合。

这些语音组合可以单独分开学,然后合起来学。将语音组合起来的卡片称作是"发现卡"。通过发现卡,进行总结,可以发现词语构成的方法,是通过语音音节来进行的。

例如,将原生词"tijolo"(砖)安插进建筑劳动的情景之中。然后讨论该情景的有关方面,使词和物建立语义联系。

在情景中展示出该词,然后抽去实物图,展示出 tijolo。接着将该词划分音节 ti—jo—lo,避开正统的综合分析,开始认识语音组合。

从第一个音节 ti 开始,让所有的人都熟悉整个语音组合(ta—te—ti—to—tu);然后学习第二个组合,展示 jo,(ja—je—ji—jo—ju);接着学习第三个组合 lo(la—le—li—lo—lu)。

当展示语音组合时,学生只认识展示出的词的音节。如 ti 这一音节,是从原生词 tijolo 的 ti 中认识的,因此,要使学生能与其他音节比较一下不同的形式。这儿最重要的是"发现卡"所起的作用。发现卡展示了该词三个音节的所有语音组合:

ta—te—ti—to—tu

ja—je—ji—jo—ju

la—le—li—lo—lu

然后,从左至右,从上到下的朗读后,知道了元音的发音,小组的成员自己已会进行口头综合。同时,小组的成员已开始自己将各个音节组合起来,组成新词,逐渐地,小组的每个成员都会"组词"。如将 ta 和 tu 组合起来,组成 tatu(犰狳)以及 luta,lajota,tilo,loja,jato,juta,lote,lula,tela 等等。甚至有人会用一个音节中的元音,与另一个音节组合起来,如将 li 中的元音 i 取出,将其放在 1e 的后面,然后再加上 te,组成了 leite(牛奶)。

因此,这种重新组成音节的"发现卡"极为重要。通过展示这种"发现卡",学员们似乎找到了"万能钥匙",他们都能够主动用发现卡中的音节来组成新词。

这是学习一个原生词的过程,共有 18 个原生词。通过对这些原生词的学习,既扫了盲,又提高了民众的觉悟。

整个教学过程,弗莱雷认为,就是将内容分解成材料,再用材料组成内容的过程,其过程见图 7—1。

	ja la			
	ta je le			tatu, luta
	te ji li	ta – te – ti – to – tu		tito, lajota
tijolo ⟶ ti – jo – lo ⟶	ti – jo – lo	⟶ ja – je – ji – jo – ju ⟶		loja, jato
	to ju lu	la – le – li – lo – lu		juta, lote
	tu			luta, tela
(原生词) (分解成音节)	(音节新组合)	(发现卡片)		(组成新词)

图 7—1 学习原生词过程图

通过这种口头训练,不仅学到了知识,而且学会了辨认。没有这种练习,就没有真正的学习。随后,学员们就开始学习书写。

第二天,作为作业,学员们从家里带来了他们用已掌握的音节构词法组合成的许多词汇。他们带来的词汇是否具有思想内容并不重要,关键的是他们进入了新的领域,发现了构词的方法,从而学会了学习。

在第二天的小组学习中,在协调人员的帮助下,小组成员自己来检查他们所组合的词。在检查中,学员们将有真正思想意义的词称作"思想词",而将不具有思想意义的词称作"死词"。

运用这种新的教学方法,由 25 至 30 人组成的文化圈小组的成员,用了一个半至两个月的时间就学会了读和写。弗莱雷认为,在成人扫盲中,重要的不是机械地、死记硬背地学习,而是要使民众觉悟,运用积极的方法,有助于民众觉悟,使他们成为学习的主体。

在实验取得较大的成功的基础上,巴西教育部全国扫盲计划试图在全国推广和深化这种扫盲法,准备于1964年在巴西全国建立2万个文化圈。但是,由于1964年巴西发生了军事政变,这一计划也就流产了。

(四)扫盲运用的情景

情景1

人生活在世界上并与世界发生关系。世界可分为自然世界和文化世界。

通过对这个情景的讨论,了解人与世界的关系以及弄清什么是自然世界,什么是文化世界。

作为创造者和再创造者,人通过劳动来改变现实。提问很简单,如谁打的井? 为什么要打井? 怎样打井? 什么时候打井? 同时联系情景中的其他"因素",重复提问。然后引出两个基本概念:需要和劳动。文化最初被

图7—2

解释为一种存在。人们打井是因为需要水。在这种情况下人们打井,与世界发生关系,学到了知识,通过劳动,经历了变革的过程。这样,人们开始造房子、做衣服、制造劳动工具等。从这儿开始进行小组讨论,以简单而十分客观的词语讨论人与人之间的关系,这种关系不应像以前那样是支配性的,也不应是改造性的,而是主体与主体之间的关系。

情景2

自然作为对话的媒体

在情景1的讨论中,已分析了人际关系,是一种主体间的关系,不应是受支配的关系。情景2要促进小组分析对话,对话是人际的交流,是意识的交流;要促进小组分析在这种交流中世界的作用,这个世界是由人改造过的、赋予人性的世界;要促进小组分析对话中的温情、谦和、期望、批判、创造。

图7—3

以下的三个情景重申了文化的概念,同时也讨论了另一些与现实有关的问题。

情景 3

无学问的打猎者

在区分自然和文化事物中,开始了情景对话。"在这幅图中,属于文化的是弓和箭以及印第安人穿戴的羽毛",学员们说。当问及他们,为什么羽毛不是自然的,他们回答说:"羽毛只有在鸟的身上才是自然的。一旦人们打死了鸟,拔下羽毛,用劳动来改造之,那就不属于自然的,而是文化的"。在全国各地,我们已听到无数次这样的回答。在区分了打猎者的历史文化阶段后,小组成员知道了什么是无学

图 7—4

问的文化。通过创造出的工具,可以使手臂加长 5 至 10 米,这样就不必用手去抓东西了,于是人创造了文化。此外,人们将工具的使用以及早期的生产技术传授给青年一代,就产生了教育。于是开始讨论在无学问的文化中怎样进行教育,在这种情况下,不应该说是确切意义上的文盲。于是立刻就认识到,文盲是属于有学问的文化范围,是没有掌握读写的技术。这种认识对一些人来说很使他们吃惊。

情景 4

有学问的打猎者

(有学问的文化)

在这个情景中,将这个打猎者看作是具有他的文化的人,尽管可能是文盲。开始讨论从弓、箭到猎枪的技术发展。分析人与世界发生关系以及改造世界中,由于人具有创造精神,通过劳动,人不断创造的可能性。在改造世界中,只有对人的人道化作出贡献才具有意义;只有对人的解放作出贡献才具有意义。最

图 7—5

后,分析在发展中教育的意义。

情景 5

作为打猎者的猫

在这三个系列情景中,我们的意图是区分两个打猎者的历史阶段以及前两个和第三个打猎者在本体论上的差别。当然,在讨论中,并没有讲到"阶段学",也没有提到"本体论",因为在人们的语言和方式上已认识到这种差别。我们不会忘记巴西利亚的一个文盲,他绝对自信地说:"这三者中,只有前两者是打猎者,因为他们在打猎前和打猎后都在创造文化。第三个是猫,它在捕鼠前后都没有创造文化,所以猫不是打猎者,而是追捕者。"他在打猎和追捕之间进行了仔细的区分。实际上,他学到的基本概念是创造文化。

图 7—6

在讨论这些情景的基础上,继续讨论有关人与动物、创造、解放、智慧、本能、教育、训练等方面所有观察到的东西。

情景 6

人用劳动来改变自然的东西

在这个情景中,开始讨论这个情景表示了什么。"看到了什么?""他们在做什么?""用泥土在做东西",有些学员回答说。"用劳动在改变自然的东西",有些人说。

图 7—7

在分析了一系列工作后,询问情景中的可能的劳动成果是什么。回答是"罐"、"锅"、"瓶"等等。

情景 7

花瓶,人对自然的劳动成果

在累西腓的一个文化圈里,在讨论这个情景时,一个妇女的话,使我们很感动。她激动地说:"我创造了文化,我会做这个了。"很多人指着花瓶里的花说:"如

图 7—8

果是鲜花,就是自然的;如果是装饰品,就是文化的。"

一开始就以某种方式激起了而现在加强了创造物的美学观。继续详细讨论情景,从精神需要上来分析文化。

情景 8

诗

一开始,协调员很有节奏地朗诵幻灯放出来的课文。"这是一首诗",大家说。诗的特点是大众喜欢,因为作者是大众中的普通人。开始讨论诗是否属于文化。"和花瓶一样是文化,但和花瓶又不同",大家说。在讨论中批判性地认识到,诗的表现适用于一种不同的需求,与制作出的物品是不一样的。在讨论了大众的与高雅的艺术创造不同方面后,协调员重读课文,请小组讨论。

图 7—9

原子弹

可怕的原子弹,

它的辐射,

意味着恐惧

毁灭和灾难。

假如消灭了战争,

所有人团结一致,

我们今日的世界,

就不会遭破坏。

情景 9

行为方式

在这个情景中,要讨论和分析作为文化表现的行为方式,然后讨论反对变化。

在图画中有一个巴西南部的高卓人和东北部的牛仔,穿着各不相同。通过他们的衣服,转而讨论他们的一些行为方式。有一次,在巴西南部的一个州的文化圈里,我们听到这样对话,"在图画中,我们看到了巴西南方和东北方地区的传统,穿着的传统。但在形成传统前,是有这样的穿衣需求,一个是穿暖色的衣服,一个是穿皮装。有时不是出于需要,但保持了传统"。

对这个情景的分析总是很热烈。我们力图要形成的概念是:行为方式的特点是一种文化表现。

情景 10

文化圈在活动

图 7—10

(讨论总结)

这个情景展示的是文化圈在活动。

一看到这个情景,参与者很容易看到自己就在其中。

作为知识的系统获得,讨论了文化,也讨论了文化的民主性。这幅图就表现出巴西"基本民主化"的过程。

"文化的民主性应该从作为民众的我们这儿开始,而不是从有些人想要我们怎样做开始",其中一人说。除了讨论文化和文化的民主性,也分析了文化圈

图 7—11

的功能、它的积极意义、对话的创造力、意识的澄清。用了两个晚上讨论了这些情景,极大地鼓励了人们在第三天开始扫盲,这在现在看来,已成为打开书写交流大门的一把钥匙。

只有这样,扫盲才能获得意义。这也是一种思考的结果:人们开始思考他们自己的思考能力;思考他们在世界上的位置;思考世界;思考他们的劳动;思考他们改造世界的能力;思考意识的交流;思考扫盲,这不是别人而是自己的事;思考自己怎样走出自我,作为一种创造来与世界建立关系。

只有这样,扫盲工作才有价值,因为在这儿词语才被人们真正理解:是作为改造世界的力量。在这种情况下,尽管还是文盲,但他已发现了无知识与有学问的相对性,并摆脱了精英的控制。在这种情况下,扫盲意味着人们努力思考他们自己，思考他们生活的世界，思考他们与世界的关系，并且发现"世界也是他们的，劳动不是对人的惩罚，而是一种爱的方式，是使世界变得更好的方式"。

（五）扫盲运动的原生词

原生词

1. FAVELA（贫民区）

讨论的方面：住房、食物、衣服、健康、教育等基本需求。

先展示一幅贫民区的照片，然后分析现实中的贫民区的情况，着重讨论贫民区中的住房、食物、衣服、健康、教育等问题。通过讨论，将贫民区作为一种问题情景，并将视觉看到的"贫民区"这个词与它的语义联系起来。接着，幻灯片只放映出"FAVELA"这个词，然后放映出另一个按音节划分的 FA—VE—LA。接着将这三个音节的各自的一组基本组合音节展示出来，如第一个音节 FA，它的一组音节是 FA—FE—FI—FO—FU，第二个音节 VE 的一组音节是 VA—VE—VI—VO—VU，第三个音节 LA 的一组音节是 LA—LE—LI—LO—LU。然后将这三组音节集中起来，制成"发现卡片"，如：

FA—FE—FI—FO—FU

VA—VE—VI—VO—VU

LA—LE—LI—LO—LU

然后小组成员开始自己重新按音节组合成新词。以下的原生词也都按这种程序学习。

2. LLUVIA（雨）

讨论的方面：环境对人类生活的影响、经济发展中的气候因素、巴西地区的不平衡。

3. ARADO（犁）

讨论的方面：人类劳动的价值、人与技术——改造自然的过程、劳动与资本、农业改革。

4. TERRENO(土地)

讨论的方面:经济领域、大庄园、灌溉、自然资源、保护国有财产。

5. COMIDA(食物)

讨论的方面:营养不良、饥饿、婴儿死亡、疾病。

6. BATUQUE(巴西非洲舞)

讨论的方面:民众文化、民间传说、高雅文化、文化引进。

7. POZO(井)

讨论的方面:健康与地方病、卫生教育、供水条件。

8. BICICLETA(自行车)

讨论的方面:交通工具问题、公共交通工具问题。

9. TRABAJO(劳动)

讨论的方面:改革现实的过程、人类劳动的价值、体力、脑力和技术劳动、手工艺、体力劳动与脑力劳动的关系。

10. SALARIO(工资)

讨论的方面:经济地位、人的状况(雇佣劳动和非雇佣劳动的报酬、最低工资、机动工资)。

11. PROFESION(职业)

讨论的问题:社会地位、企业问题、社会阶级和社会变动、工会运动、罢工。

12. GOBIERNO(政府)

讨论的方面:政治地位、三种政权、政权组织中民众的作用。

13. MANQUE(沼泽地)

讨论的方面:沼泽地的居民、父道主义、救济主义、民众从客体到主体的转化。

14. INGENIO(才智)

讨论的方面:巴西经济的形成、单一作物、大庄园、农业改革。

15. AZADON(长柄锄)

讨论的方面:农业改革和银行改革、技术与改革。

16. LADRILLO（砖）

讨论的方面：城市改革的基本方面、计划、各种改革之间的关系。

17. RIQUEZA（财富）

讨论的方面：贫富对比、穷国与富国、发达国家与不发达国家、民族解放、国际的真正帮助与世界和平。

第四节　保罗·弗莱雷在非洲的教育实践

保罗·弗莱雷最初接触非洲的教育是在 1970 年以后参加坦桑尼亚的扫盲运动。在坦桑尼亚达累斯萨拉姆大学成人教育学院的邀请下，弗莱雷讲授了他的扫盲教学法，并帮助组织新的试验项目和设计成人教育学位课程。

虽然弗莱雷的著作很少谈到在坦桑尼亚的经历，但这却成为弗莱雷深入到非洲现实的重要一步，为以后参与几内亚（比绍）、安哥拉、莫桑比克等国教育实践打下了基础。

从弗莱雷参与非洲教育实践的情况来看，他对几内亚（比绍）的教育十分关注，并投入了很多精力来进行扫盲的实践。在费莱雷的著作《发展中的教育学——几内亚（比绍）信札》中，弗莱雷系统地论述了几内亚（比绍）开展扫盲运动的过程，并且比较了拉美国家与非洲国家的异同以及弗莱雷教育思想与方法在非洲运用所碰到的一些问题。

通过比较，弗莱雷指出，拉美国家的情况既与非洲国家的情况有相同之处，也有很大的不同之处。

第一个重要的区别是，在非洲的教育发展中，受到非殖民化进程的强大影响，这是因为殖民教育结构与非殖民教育结构有很大的区别。在殖民教育时期，实施的是英才教育。在 1961—1965 年，几内亚（比绍）的小学入学率只占适龄儿童的 16.4%。在学校教育中，殖民教育基本上是一种"非非洲化"文化的工具，培养了为殖民者服务的机关工作人员，即成为带着白面具的黑肤色的小资产阶级。^① 根据几内亚(比绍)人民解放运动领袖阿米尔卡·卡夫拉尔(Amilcar Cabral)的观点,这些小资产阶级知识分子"在民族解放的斗争中,要么背叛革命,要么阶级自灭"。^② 弗莱雷十分赞同卡夫拉尔的思想,他认为,新的教育制度不仅要帮助知识分子的阶级自灭,而且还必须阻止其成为新社会中的英才。^③ 因此,他认为,几内亚(比绍)应采取的重要措施是要将教育与生产劳动相结合,将学习时间和劳动时间结合起来,以密切与农民的关系。

第二个重要的区别是决定阶级结构和社会发展的生产力和生产关系的发展程度不同。在很多方面,非洲不同于拉丁美洲。例如非洲不存在具有寡头特点的大量农业资产阶级,也没有开展广泛的工业化过程,因而也没有产生民族工业资产阶级。这种差异反映在政治斗争中,可以产生不同的政治策略。同样,非洲国家的小资产阶级,虽然和后殖民国家有密切联系,但他们却没有像拉美那样建立起广泛的教育网络。也就是说,要求扩大中等和高等教育机构的中产阶级还不存在。此外,非洲的军人虽然日益发展其干预政治的作用,但却没有像拉美国家的军人那样在国家的建设中发挥作用。

第三个重要的区别是拉美国家由于加速了城市化、国内移民的增长和农业企业的渗透,农村和城市地区之间的差距日益增大。文盲集中于农村和大城市的边缘地区,因此,除了农民外,在城市的很多地区,也为弗莱雷的扫盲教育提供场所。而在几内亚(比绍),在独立后政府就将教育的重点移到了农村地区。弗莱雷认为,几内亚(比绍)扫盲运动工作的开展和扫盲后的工作,是与几内亚(比绍)逐步走向社会主义的社会变革紧密相连的。

非洲国家不同的社会背景、不同的社会制度,为弗莱雷提供了更为宽广的实践场所。在坦桑尼亚,弗莱雷体验到在社会主义实践中工作的经历,了解了集中计划、革命政党以及真正关注成人教育的情况。在坦

---

① Paulo Freire, Pedagogy in Process, Seabury Press, New York, 1977, P.16.
② 同上。
③ 同上。

桑尼亚,成人教育与社会制度是极为相关的:1966—1967年,坦桑尼亚的脱盲率为25—30％;1975—1976年,脱盲率达75—80％。

几内亚(比绍)革命斗争的经历进一步丰富了弗莱雷的思想。在几内亚(比绍)解放战争后,扫盲运动已成为国家重建过程中的重要一步(尼加拉瓜的实践也证明了这一点)。因此,成人教育具有明显的政治意义。例如将体力劳动和脑力劳动结合起来,全体人民都有责任来帮助建设一个公正的社会等等。

在非洲的革命进程中,弗莱雷热情赞扬超凡的领导人和革命的政治领导人在向社会主义转变的过程中所起的重要作用,特别是他们对群众的政治觉悟、政治文化方面所起的作用,如几内亚(比绍)的阿米尔卡·卡夫拉尔、坦桑尼亚总统尼雷尔等。弗莱雷甚至把卡夫拉尔称作为是马克思主义革命理论家。

根据非洲的特点,弗莱雷将重点放在与扫盲阶段有关的扫盲后的工作上。在给非洲国家扫盲协调员的信中,弗莱雷提出了扫盲后工作的若干目标:

1. 巩固前一阶段获得的读、写、算方面的知识。

2. 通过系统学习基础语法和基本运算来深化所学的知识。

3. 通过各种具有丰富内容的课本的阅读,以更深刻的方式继续了解现实。

4. 发展批判分析现实的能力以及口头表达现实的能力。

5. 使学习者为下一阶段的学习作好准备。

弗莱雷在非洲时对非洲国家的扫盲、扫盲后教育、成人教育进行了考察和研究,并且使用自己的方法来指导非洲的扫盲教育工作,在某些方面来说,确实取得了一定的成果,但在另一些方面,却碰到了许多问题。因此,对弗莱雷在非洲的工作成效也有很大争议。

以几内亚(比绍)的扫盲工作为例。在几内亚(比绍),群众性扫盲运动于1975年开始筹划。1976年有200多名扫盲人员在乡村组织了"文化圈"(与巴西的扫盲组织形式一样),开始了第一次扫盲运动。不管是在农村地区,还是在首都比绍,都运用了弗莱雷的方法来开展扫盲教育的。然而,到 1980 年,几内亚(比绍)的报告开始承认扫盲的目标并没有实现:参加扫盲的学员有 26 000 人,但没有一个人成为功能性脱盲者。[①]

几内亚(比绍)扫盲运动的失败,主要有三方面的原因:

1. 几内亚(比绍)不发达的物质条件。

2. 在国家重建过程中产生了相对立的政治观点。

3. 几内亚(比绍)执政的革命党似乎全盘照搬弗莱雷的理论和方法。

几内亚(比绍)是世界上最穷的国家之一,生产力低下,88％的居民分散居住,从事自给自足的农业劳动,缺乏政治团结意识。因此,几内亚(比绍)在重建国家的努力中,面临着众多的问题,如不断增长的官僚化、集权化、机构办事效率低;缺少受过培训的干部,仍依赖不支持革命斗争的殖民官僚;大量的人力物力集中在首都(集中了 83％公务人员和 55％的投资),使城乡矛盾进一步加深;建立国营农场和合作社的发展策略的失败;依赖对扫盲运动的外来资助,等等。

除了几内亚(比绍)在重建国家中贫穷的物质条件和各种问题外,弗莱雷的理论和方法也没有使几内亚(比绍)的扫盲取得有效的成果。因此,也有人指责弗莱雷将西方化的世界观强加给不同环境的几内亚(比绍),弗莱雷对社会现实的乌托邦的观点使他过高地估计了扫盲者的能力。因此,"在几内亚(比绍)的条件下引入了弗莱雷的方法,导致了机械的、死记硬背式的学习(而这恰是弗莱雷所反对的)。大多数学生只能学会手册中的最简单的五、六个单词。即使有人学会更多的单词,但他们不会'创造'新的单词。甚至在有些地区,农民参与的积极性很高,在六个月后,他们学会了读写,但问及他们读了什么,他们一无所知,他们没有理解所学的东西。"[②]

当然,几内亚(比绍)的扫盲状况,也促使弗莱雷思考了他的理论和方法是否普遍适用于第三世界国家的情况。弗莱雷在一些著作中也论

---

① Linda M.Harasim,Literacy and National Reconstruction in Guinea—Bissau,University of Toronto,1983,P.6.

② 同上,P.377.

述到他在几内亚(比绍)工作受到的批评,他没有谈及几内亚(比绍)的政治经济问题,但反驳了对民众主义思想的指责,也强调了在社会变革中政治因素对其工作的影响。他探究了他在非洲的工作与以前在智利和巴西的经历之间的共性,他认为,他在几内亚(比绍)工作失败的主要原因是扫盲所选用的语言问题。

在审视几内亚(比绍)的扫盲问题时,弗莱雷指出,作为一名战斗的知识分子,他不能成为一个真正的研究人员,在"学术自主"或"科学的客观性"的保护伞下工作。作为一名战斗的知识分子,他在几内亚(比绍)所不能做的是"超越当时的政治局限"。作为一个外国人,他不能将自己的思想观点强加给几内亚(比绍)的现实。

弗莱雷曾希望几内亚(比绍)的革命领导人改变他们要用葡萄牙语来进行扫盲的最初的决定,这不仅是因为葡萄牙语是殖民者的语言,而且是因为80%的几内亚(比绍)人不讲葡萄牙语,几内亚(比绍)不同民族使用的混合语是克里奥雷语(这是葡萄牙语和非洲方言的混合语)。在几内亚(比绍),约有45%的人讲克里奥雷语,但是克里奥雷语却没有文字。

但是,弗莱雷很快发现几内亚(比绍)的领导人并没有采纳他的建议,因而,他不得不用葡萄牙语来作为教学用语,尽管弗莱雷的方法一开始并非是为学习第二种语言而设计的。

正如弗莱雷所说,不管有没有弗莱雷的参与,在几内亚(比绍)不可能用一种不属于人民社会实践的一部分的语言来进行扫盲。弗莱雷坚持认为他的扫盲法没有失败,问题是首先要分析在其他国家中用葡萄牙语来进行扫盲是否可行,然后再分析他的方法。弗莱雷指出,如果在其他国家不能用葡萄牙语来进行扫盲,那么他的方法或其他方法肯定不会成功的。

第五节 保罗·弗莱雷的解放教育理论

(一)解放教育与驯化教育

在长期的教育实践中,弗莱雷提出了许多与传统教育截然相反的新观点,形成了他丰富的解放教育的理论。

弗莱雷的解放教育(1iberating education)是针对驯化教育(domesti-cating education)而提出来的。首先,弗莱雷对形成驯化教育的社会文化进行了深刻的分析和解剖。弗莱雷认为,当时的巴西社会,现存的文化是统治阶级的文化,这种文化使人"物化",使人们无法自己进行重大的选择。在这种文化结构中,人只能接受现存文化的规范,按现存文化规范而行事。弗莱雷指出,在这种文化背景下的教育,即传统的教育(包括扫盲教育),自然是实施驯化式的教育,将人"驯化"成与现存制度、现存文化相一致的成员。

其次,弗莱雷通过对成人扫盲工作的总结,揭示了扫盲教育(也是传统教育中)的一些重大问题。弗莱雷指出,传统的教育将学习者看作是客体,是被动地接受知识者,并要求学习者具有极大的忍耐力来学习与他们生活毫不相关的东西。这种教育强调的是单向性的,而不是相互交流的教学;是垂直性的,而不是平行性的教学;是给予性的,而不是探讨性的教学;是外面强加性的,而不是内部主动性的教学。总之,这是一种驯化式的教育。长时期来,这种教育禁锢了人们的思想,束缚了人们的创造性。因此,弗莱雷提出要用解放教育的思想来批判驯化教育,使人们能够从现存文化和教育结构的束缚中获得解放。

1. 用文化人类学的观点, 使民众觉悟

为了批判产生驯化教育的文化体制, 弗莱雷提出了文化人类学的观点。弗莱雷认为, 文化是社会中人类的行为和结果, 是人们相互作用的方式, 是人们给予这个世界的附加物。文化是普通人每天所做的事, 是他们言行举止的方式。每个人都拥有并创造着文化, 而不仅仅是那些美学专家或精英人物的专利。文化是人们日常生活中的言行, 因此, 解放式的教育者在提供有效的批判式学习之前必须从人类学的角度对其进行研究, 并且使学习者了解文化人类学的基本概念, 使他们懂得每个人都是有文化的, 都是在创造文化, 是文化的主人, 从而使学习者在学习的过程中不断觉悟。

为了使学习者能够了解文化人类学的思想并使学习者在学习过程中"觉悟化", 弗莱雷极为重视对传统的课程进行彻底改革。弗莱雷认为, 文化人类学的观念体现于日常生活的经历中, 要在课程中设置人文化人类学的观念, 也就是要使课程围绕人们生活的主题和环境而制定。因此, 弗莱雷主张, 教育者应在学生的课堂中以及在学生的社区环境中研究他们的学生, 以此来发现以学生经验为中心的语言、思想、条件和习惯。通过这些了解, 教育者把代表日常生活和交谈中经常出现的原生词与主题作为课程的基本内容。因为这些内容都是学生熟悉的词、经历、环境和关系。教师在课堂中通过情景对话, 将这些内容"问题化", 也就是说, 这些内容是作为要思考和要行动的问题重新由教师呈现给学生。在提问式的对话中, 学生思考他们的生活方式, 揭示他们自己生活的价值和意义。这样, 在学生的经验中逐渐包括了自我思考的内容, 因为提问是围绕日常生活的主题的。同时, 通过对话引起思考, 能够培养学生批判地看待周围的环境并考虑如何来改变这种环境。

根据弗莱雷的理论, 在各门学科中, 提问法也可以将专业知识安置于学生的语言、经验和环境中。学科内容不是以晦涩难懂的术语、空洞乏味的理论或死记硬背的事实这些形式来呈现的，而是根据学生的经验，用他们的语言，作为问题提出，供他们思考。在这种教学环境中，学习内容与学生的生活和思想融合在一起。学生并非仅仅记住有关生物学、物理学或其他学科的知识，而是通过一门学科所提供的特殊视角去面对来自生活和社会中的实际问题。这种思考的态度，就是弗莱雷所说的一种"认识与现实的关系"，也就是说，每个人应该批判地检查自己的经验，对自己的生活和教育提出问题并进行解释，而不是糊里糊涂地过日子。

弗莱雷还尖锐地批判了传统教育的最大弊端。他指出，传统教育自上而下（而不是自下而上）地编造其主题、语言和材料。在正规课程中，文化被学究气地定义为文学、音乐、绘画等的著名作品，或上层社会和社会精英谙熟的知识和经验。这种文化与大多数学生的生活相割裂，学生们被迫面对生疏的学术性文化，而不能从人类学的角度看待他们自己的文化。因此，这就造成学生感到自己缺乏文化，不得不完全依赖于教师，教师通过语言、技能和观念的传授，教学生如何按照占统治地位的精英分子的言行来行事，因为他们认为惟有社会精英的处事方式才是可以接受的方式。

因此，弗莱雷对实施解放教育的教师提出了更高的要求。他在1971年给智利教师的信中写道，"做一名优秀的解放教育者，你们首先要忠于人类。你们应该充满爱心。你们必须坚信，教育从根本上说是致力于帮助人们获得解放，而不是使他们驯化。你们必须坚信，当人们开始思考他们受到的统治时，他们也就迈出了改变自身与世界关系的第一步。"

2. 解放教育与驯化教育的主要区别

根据弗莱雷的理论，解放教育与驯化教育是完全不同的两种教育，两者的主要区别可见下表。

解放教育与驯化教育的主要区别

	解放教育	驯化教育
1. 教育目标	使民众觉悟,具有批判意识。	按统治阶级驯化民众的目的,强加给学生。
2. 教育内容	根据民众的需求,联系现实问题,安排课程内容。	根据统治阶级的需求,学习远离学生现实的内容。
3. 教学方法	利用情景,提出问题,进行讨论。	"银行存款法",教师往学生账户里存上知识。
4. 教育对象	主体:教师和学生 客体:社会	主体:教师(主动) 客体:学生(被动)
5. 教育交流	双向的,师生相互交流,讨论。	单向的,只有教师向学生传授知识。
6. 教育过程	鼓励提问、讨论,培养批判意识和创造性。	不允许学生创造、提出异议,按规定的内容记忆现成的知识。
7. 教育结果	学会学习、学会思考,具有批判意识,从而获得解放。	掌握许多知识而丧失思考能力,驯化成适应现实的人。

(二)解放教育与批判意识

除了弗莱雷提出要用文化人类学的观点,使民众觉悟化外,弗莱雷的解放教育理论中的另一重要思想是提出了解放教育的目标——培养批判意识。

什么是批判意识?弗莱雷曾区分了三种意识:神秘意识、单纯意识和批判意识。实际上,这三种意识也就是批判意识发展过程中的三个阶段。弗莱雷将其称作是无转变思想阶段、半转变思想阶段和批判性转变阶段。

1. 无转变思想阶段

无转变思想(intransitive thought)阶段是最低的一个阶段。在这一阶段中,人们是听天由命的,认为命运是无法抗争的。他们认为自己无力改变环境,因而就一直受统治阶级精英分子的支配。这种无转变的思想也就是一种神秘意识,而且在现实生活中极为普遍。

2. 半转变思想阶段

半转变思想(semi-transitive thought)阶段是第二个阶段。在这一阶段中,人们具有一些变革的思想并会采取一些行动。但是,他们常常孤立地看问题,而不去考虑各个问题背后的整体体系。这种人也可能会天真地追随用一些花言巧语来欺骗大众的强权领袖人物,他们希望一个强人就能把世界的一切安排妥当,免得他们自己去进行变革。因而这种半转变思想也就是一种单纯意识。

3. 批判性转变阶段

批判性转变(critical transitivity)阶段是最高的一个阶段。在这一阶段中,人们能够全面地、批判地思考他们的环境,表明了他们已达到思维和行动发展的最高阶段,也就是具有了批判意识。在这一阶段中,人们看到了自己进行变革的必要性,有了批判意识并感到他们能够改造周围的环境,并且把周围的环境与社会上更大的权力背景联系起来。实际上,这也表明了在批判思维和批判行动之间的一种动态联系。

弗莱雷的解放教育的目的是培养批判意识。从费莱雷对批判意识的分析中,可以看到这种批判意识具有以下一些特点:

1. 权力意识

具有批判意识的人能认识到人类的行为和有组织的团体能够创造与重建社会和历史;能认识到是谁、为了何种目的统治社会以及在现今社会中权力是如何形成和行使的。

2. 批判能力

具有批判意识的人善于思考,能掌握读写、参与讨论,易于养成透过表面、突破传统、联系实际、打破常规进行分析的习惯;能理解任何问题的社会背景和社会意义;能揭示各种事件、论题、技术、过程、目标、表述、意象、情境等的深层意义,并能将这种意义应用到自己的环境中去。

3. 非社会化

具有批判意识的人对在大众文化中学到的神话、价值观、行为和语言能正确认识并提出一些问题;能批判地审视社会中已内化为意识的退化的价值观,如种族主义、性别歧视、阶级偏见、拜金主义、追求权势、崇拜英雄、过度消费、极端个人主义、军国主义、民族沙文主义等。

4. 自我组织——自我教育

具有批判意识的人能积极主动地改革学校和社会,使之脱离极权、非民主和不公平的权力分配;能参与和推动社会改革计划;能克服民众教育带来的反智力主义。

弗莱雷的解放教育试图发展的就是具有这些特征的批判意识。对于弗莱雷来说,教和学是具有深远社会影响的人的活动。教育不能简化为机械的教学;学习亦不等同于记忆大量信息或传授一大堆技巧。学校一旦成为枯燥知识的传递系统时,它便一片死气沉沉,没有活力,更谈不上批判意识的培养。弗莱雷主张的批判性教育,不是单纯地由教师将事实和技巧传授给学生,而是请学生自己批判地思考课题、教材、学习过程和他们所处的社会。

以培养批判意识的解放教育,可以激励学生在学习知识的同时主动参与社会改革,促进民主与平等。弗莱雷主张在教学中主要通过提问、对话、讨论的方式来学习,鼓励学生对现有的知识提出质疑,以培养民主制度中公民应当具有的一种提问习惯。

正如伊拉·肖(Ira Shor)在论述弗莱雷的批判教育学中所总结的,[①]这种批判性教育具有许多价值:

(1)参与性。从一开始上课,教师就要求学生通过分解系列问题、对话和讨论来参与教学,因为学习本身就是一个相互作用与合作的过程。这样,学生可以在课堂上开展很多讨论和书写,而不单单是被动地听老师讲课。

(2)情景性。教材是根据学生的思想和语言情景来进行安排的。从

---

① Ira Shor,Education is Politics:Paulo Freire's critical pedagogy,in. P. Mclaren and P. Leonard edit,Paulo Freire:a critical encounter,Routledge,London,1993,P.33—34.

学生的词汇和对材料的理解入手,将材料和他们的环境联系起来。

(3)批判性。课堂讨论鼓励对以下问题进行自我思考和社会思考,如怎样讨论问题、如何知道懂了些什么、如何了解需要知道什么、学习过程本身又是如何运行的问题等。学生批判性地思考他们的知识和语言、学科内容、学习质量以及知识与社会的关系。

(4)民主性。由于课堂谈话是师生共同构建的,学生在对话中有同等的发言权,也有讨论课程的权利,学生和教师是共同编制和评价课程的,因而这种教学是民主的。

(5)对话性。课堂教学的基本形式是围绕师生提出的问题而进行对话。教师起动这一过程并将之引向深入。通过前面的启发性问题与后面的讲解,教师请学生自己来实施教育,用他们自己的语言来进行对话。这样,学生是自我教育,而不是被动地接受教育。

(6)非社会性。对话式教学打破了传统课堂中学生顺从地、安静地听讲,将学生从课堂的被动学习中解脱出来。对话式教学也使教师摆脱了沉闷的、盛气凌人的传授方式,使他们成为问题提出者和对话领导者。

(7)多元文化性。在课堂中,承认社会中的各种文化(不同种族、信仰、年龄、性别的文化);反对歧视和不平等;既研究主流文化也研究非主流文化;在不同性别、阶层、人种之间,课程保持公正。

(8)注重研究性。这种批判教育是建立在教师从事的课堂和社区研究的基础上。教师研究学生的语言、行为和环境,也研究学生的认知水平和情感发展状况。批判教育也期望学生成为研究者,去研究有关日常经验、社会和教学内容中的问题。

(9)活跃性。由于采用提问、合作学习和共同参与的形式,课堂本身就是活跃的和相互作用的。批判式的对话也试图在可能的情况下,从研究中寻求行为的结果。

(10)情感性。批判教育的课堂力图广泛发展人类的情感,同时也发展社会探究和思维习惯。提问、对话的方法包含着大量的情感,如幽默、同情等等。

（三）解放教育与教育改革

弗莱雷的解放教育的目标是要培养批判意识。然而，要取得这一目标，就必须对传统教育进行彻底改革。在解放教育理论中，弗莱雷对传统的教育进行深刻的批判并提出了许多教育改革的思想。

对于传统教育，弗莱雷有一个十分著名的形象比喻。他把传统教育比作是一种"银行存款"。他在《被压迫者的教育学》中指出，"这种教育成了一种存款行为，在这种教育中，学生是账号，教师是存款者。师生之间没有相互交流，而是教师讲授知识，进行'存款'，学生只有耐心地接收、记忆和重复……在教育上的这种'银行存款'的概念中，知识是那些自诩为博学的人赐予被其认为无知的人的一种赠品……学生接收存款越多，他们发展批判意识就越少，而这种批判意识可以使他们作为世界的改革者介入于这个世界。"①

在这种"银行存款"式的教育制度中，弗莱雷认为，学生内化了的价值观和形成的习惯，有损于学生的批判意识的发展。在权威人士的监督下，学生被看成是一种客体，不断填入正统的观念。在经过长期的这种教育后，他们就成为没有批判精神、异化、反智力的人，他们不相信自己的才智并经常自责。正因为这样的人最容易控制，所以长期来统治者建立的教育体系不充分发展学生也是可以理解的。

在传统的课堂中，学生发展的是一种依附权威的思想。他们所了解的教育，就是听老师告诉他们应该做什么以及是什么意义。结果，未来的他们只能成为被动的公民和劳动者。弗莱雷指出，如果一位实施解放教育的教师要求学生和他一起共同讨论问题，学生常常会怀疑，这是"真正的"教育吗？这里所谓的"真正的教育"，即学生形成的概念是让学生

---

① Paulo Freire, Pedagogy of the Oppressed, New York, Seabury Press, 1970, P.58—60.

接受知识,而不是学生自己去学知识。"真正的教育"意味着教师告诉学生应该怎样想和怎样做,而不是与学生对话和讨论。

也有一种情况,即实施解放教育的教师强调学生自律和与教师的合作,而学生经常会认为纪律不起作用了,因为教师不专制,他们就可以不学习或有机会进行捣乱。实际上这也是学生形成了一种依附权威的思想的反映。

还有一种情况,即学生感到在解放教育中实施的民主式的教学和培养批判意识,与他们以前形成的价值观以及对权威的认识有矛盾,因此他们不愿对那些已内化了的观念、正统的知识和社会的主要政治倾向提出质疑。

弗莱雷指出,与学生的依附权威相应的是许多教师也有依附权威的思想,许多教师追随传统思想,拒绝进行民主变革。在《解放教育学》一书中,弗莱雷指出,教师在传统学校中工作了多年后,已习惯于讲课、维护他们的权威、传递正统的知识和技能,这已作为他们工作的一种合乎体统的方式。要教师做到在课堂中与学生共同作决定、讨论课程设置、按学生的思想和语言来提出问题、引导对话、与学生一起学习甚至向学生学习,这对教师来说并非易事。弗莱雷认为,"建立课程计划的一个主要问题是培训教师。单纯传授教学过程中的技术问题并不困难,困难的是确立一种新的态度——对话的态度,这在我们的培养和教育中完全忽视了。"[1]

弗莱雷对教学就是讲课,就是由教师在课堂上一人唱独角戏的这种传统的、灌输式的教学模式极为不满。他认为,银行存款式的教育就是灌输式的教育,是不民主的,削弱了学生大胆向权威提问的能力。而提问对话式的教育,则是师生民主平等、双向交流的教育;是把学生看作是主体,培养他们创造性、批判意识的教育。当然,在课堂对话中,教师提

---

[1]　Paulo Freire,Education for Critical Consciousness,New York,Seabury Press,1973.P.52.

出问题,也鼓励学生这样做,并不等于教师就不能陈述他自己的观点。相反,主张民主、反对不平等的教师同样有权力和义务来阐述自己的观点,因为他们不是没有发言权、没有价值观或没有原则性的人。重要的是教师不应把自己的观点强加给学生,而应该用学生能够接受的语言在开展问题讨论中推出自己的观点。当然,学生也可以自由地向教师提问,也可以不同意教师的观点。弗莱雷也承认,在对话讨论式的教育中,师生的关系在民主实践中是极其微妙的。但是弗莱雷建议教师应该用民主的学习过程和培养批判意识来指导课堂教学。他在《学会提问》中总结道,"教师必须在不否认学生的情况下肯定自己。"①

在批判传统的银行存款式的教育中,弗莱雷提出了许多教育改革的思想。

1.交过是最有效的教育活动

交流是弗莱雷最基本,最经常的思想和生活方式,要了解弗莱雷,就应阅读他的著作,而他的著作的最大特点就是他的日常口头交流的表达方式,实际上,他的著作也就是他的访谈录或谈话集,时而连续用同一词,时而因思考而中断。这种典型的口语特点的著作,虽然给母语非葡萄牙语也非西班牙语的读者的理解带来困难,但确实体现了弗莱雷的特点。

弗莱雷主张的口头交流不仅体现了他教育方法的特点,也反映了他对人类生存的一个重要看法,即他确信人类生来首先就是为了相互间进行交流。他认为,这种交流具有两个前提条件:

第一是要真实地表达思想,不能说假话、虚话,由于弗莱雷从小就看到劳工的生活和斗争,以及他后来在巴西监狱里的亲身体验,他常常谈论的是解放、批判、民主、平等,因为他认为这些词具有实际意义,能联系实际,能真实地表达民众的思想。他认为,首先是谈话,而不是外来思想

---

①   Paulo Freire and A.Faundez,Learning to Question,New York,Seabury Press,1989,P.34.

的传播,才具有"启发性"。因此,他在教育中主张通过谈话、讨论来启发民众觉悟,培养民众的批判能力。

第二是要积极地参与交流,参与社会活动。尽管有人也许讲的是真话,然而却是空话,远离实际,不愿参与社会实践,于现实改造无助。这在教育体制内部尤其如此。弗莱雷认为,没有参与以及交流双方没有积极态度,这种交流也就失去了意义。

在教育上,弗莱雷提出了师生双向性的相互交流。这种交流是平等的、民主的、真实的、积极的交流。师生双方都是主体,为了共同的目的进行交谈。这与传统教育中教师"给予"知识,学生单纯"接受"知识的教学方法完全不一样。

2.提问是对话的关键

弗莱雷认为,对话是教育的主要途径之一,要使对话有成效,提问是关键。他提出,教师不应只是知识的传递者,而要成为问题的提出者。

对于提问,弗莱雷提出了一些要求:①教师要提出能够激起思考的问题;②教师激励学生自己提出问题;③通过提问的方式,学生学会对答案提出疑问,而不是仅仅回答问题。

这种教育,激励教师和学生主动参与教学,也为他们以后能参与社会改革打好基础。这种教育,不仅提供了一条寻求知识之路,而且在师生共同探索中,发展了共同的意识:学习是学生与教师共同的事情(教师提出一个与学生经验有关的问题,使学生在学习过程中"看见"自己的思维和语言,这时就产生了共同意识)。

在弗莱雷看来,学习就意味着学习者是一个积极的主体,会提问和进行变革;学习也是重新确立一种方式来看待自己、看待教育和社会。

(四)解放教育与政治

弗莱雷在他的后期的许多著作或谈话中,都明确提出了"教育即政治"的思想,为其解放教育思想作出了鲜明的诠释。

教育即政治的思想并不是弗莱雷一下子轻易提出来的。教育是否具有政治性？这个问题是弗莱雷在长期的教育实践中一直思考的问题。在对教育与政治的关系的看法上，弗莱雷的思想也有一个发展过程：早期认为教育与政治无关；然后开始论及到的只是"教育的政治方面"；后来提出了"教育作为政治"；最后总结为"教育即政治"。

弗莱雷形成教育与政治关系的这个思想过程是与他个人的经历以及社会的背景有很大关系的。正如他在与露西·阿亚拉的谈话中所说：

"对教育与政治的关系，以前我对公众的最初反应是沉默。我以前曾将政治看作是一种微不足道的东西。我曾天真地认为，作为教育者，完全与政治无关。我对我的第一本书《作为解放实践的教育》感到不满，因为在书中还没论及到政治。"[①]

"在阿赖斯执政时，所有我在阿黑谷斯的经历和在民众文化运动中的经历明显的是政治的，是属于明显赞成民众阶级的政治。我从来不做有利于统治阶级的工作，即使是在幼稚时代。正是在这种经历中，我与教育的政治性一起相处。"

"后来，遇到军事政变，我遭到监禁和流放，这种经历使我将教育与政治联系了起来。……在流放中，在智利，当我着手写《被压迫者的教育学》一书时，我就开始解释我所称作的教育的政治性。后来，我采取了更彻底的立场，并终于说出了至今一直说的：'教育即政治'；'政治即教育'。因此，我认为进步的教育者应承担起这种'教育的政治性'的任务。"

教育是否具有政治性？教育是否就是政治？对这一问题，弗莱雷联系学校的现实进行了深刻的论述。

首先，弗莱雷从学校的功能上论述了为什么教育是具有政治性的。弗莱雷指出，不是学校建立了社会，而是以某种方式组织起来的社会为

---

① Luci Ayala, Una Reflexión Sobre el Acto Político de Ser Educador Y sobre la Realidad Política do la Educación Brasileñs, Pedagogía. Revista de la UPN, VoL. 3 No. 8, 1986, P. 3.

了统治阶级的利益建立了学校。因此,学校的主要功能(在像巴西那样的资产阶级社会,统治阶级期望,有时甚至不是有意识地)是再造统治阶级的思想意识。统治阶级要求学校按照统治阶级的规定办学,要求学校培养出统治阶级所需的人才,这充分体现出了教育的政治性。

第二,弗莱雷从学校教师的作用上论述了为什么教育是具有政治性的。弗莱雷指出,在实施教育中,必须确立一些基本素质,这些素质可以说是包括了自我批判能力、自我评价能力和自我提问能力。因为这些素质可以使教师在实践中发现教育的中立性是不存在的;这些素质可以使教师提出问题:我在学校教学,我赞成什么? 反对什么? 我赞成谁? 反对谁? 当教师在自己的实践中知道要提出这些问题,也就发现了弗莱雷所说的"教育的政治性"。

第三,弗莱雷从学校的教学过程方面论述了为什么教育是具有政治性的。弗莱雷指出,解放教育所提倡的民主价值观,必须要与课堂的教学过程统一起来。因此,实施解放教育的教师必须是一个主张民主的教师。如果教师一面在批判社会的不平等和缺乏民主,一面又以极权的方式进行教学,那么就会有损于教师的信誉。弗莱雷的解放教育主张教师与学生之间建立一种民主的关系;主张学生与学习以及学生与社会建立一种变革的关系。正如弗莱雷在《解放教育学》中所说,"正因为教师的工作总是在赞成什么或反对什么,所以他会产生另一个大问题:如何使我的教育实践与我的政治选择保持一致? 我不可能今天表明我的民主观,明天又要求学生服从我的权威。"[1]

因此,在学校教学中主张的这种民主价值观,可以反映出教学过程各方面也都具有政治性。例如,在课堂的讨论中,在师生相互交谈的方式中,教师对所学内容的陈述和提问中,学生对课程提出质疑时所感受到的自主感中,都存在政治性。此外,在标准化测试、评分和分轨政策

---

① I.Shor and P.Frelre,A Pedagogy for Liberation,Westport,Connecticut,Bergin & Garvey,1987. P.46.

中,以及在教室和教学大楼这种硬件设施方面(这些方面会使学生感受到他们在社会中的价值和地位),也包含着政治。而且,在以下这些情况下,也存在政治性:如学生使用非正式的、不标准的英语要受到惩罚;在教育质量差的学校大砍艺术、舞蹈和音乐课程;各个学校只和商界进行合作,而不顾与劳工组织的伙伴关系;各个学校由于接纳的学生来自不同的经济阶层,因而获得的办学经费也极不平等;大多数学校的领导并不是通过选举而产生的,等等。

总之,弗莱雷的观点认为,教育的全部活动在本质上都是政治的。政治不是教或学的某一个方面。不管教师和学生是否承认他们的工作和学习的政治性,教育的所有形式都是政治的。不管是极权还是民主,政治存在于师生关系中。不管课程的选择是由师生共同决定的还是仅仅由教师决定的,不管是讨论式的课程还是单方面的灌输式的课程,政治也存在于学科的安排和课程的选择中。

弗莱雷提出的"教育即政治"表明,学校的所有工作都具有政治性。传统教育培养学生服从、接受不平等、承认他们在社会现实中的地位并追随权威。解放教育鼓励学生对他们生活在其中的制度以及对提供给他们的知识提出质疑;鼓励学生讨论他们所向往的未来,包括他们选举领导的权利;鼓励学生改造学校和社会。学校不管采取何种教育,都明显是政治性的。弗莱雷指出,教育之所以是政治的,是因为教育领域是塑造个人和社会的场所。正是由于人类和社会通过教育,朝着这个方向或那个方面发展,所以学习过程不可避免地具有政治性。

弗莱雷强调的教育即政治,是对统治阶级的批判,也是对不平等和不公正的挑战。弗莱雷认为,由特权阶级控制的社会,强行将其文化和价值作为一种标准。在学校中,通过教学大纲、教科书、分轨制和标准化测试,这种强制的标准就传递给了学生。弗莱雷在《学会提问》一书中指出,任何基于标准化、事先设置和按部就班的教育实践都是官僚主义的和反民主的。作为向新一代灌输主导文化的一种方式,课程是受上层阶级控制的。学校中占统治地位的是传统课程,它阻碍了学生的民主精神和批判意识的发展。学生在被动的课堂中呆了几年后,他们就不再相信自己能够创造新知识和改造旧社会。

第六节　保罗·弗莱雷后期在圣保罗市的教育改革

1988 年 11 月巴西工党在圣保罗市的选举中获胜。作为工党一员以及作为由工党资助的教育机构的负责人,保罗·弗莱雷于 1989 年 1 月被任命为圣保罗市的教育局长。

具有 1 140 万人口的巴西最大的城市圣保罗市是巴西的金融中心,1993 年度的市财政预算达 55 亿美元,居全国第三,仅次于圣保罗州和联邦政府。圣保罗市的教育局也是一个巨大的部门,管辖着 662 所学校、72 万学生、4 万教职员工。仅教职员工的人数就占圣保罗市所有职工人数的 30%。

作为圣保罗市教育局长的弗莱雷,上任后对全市的教育状况进行了调查,发现了许多问题,从而提出了许多教育改革的设想和计划,并试图将其民众主义的解放教育思想付诸实施。弗莱雷在圣保罗市的教育改革立刻引起巴西全国,乃至全世界的充分关注。作为教育局长的弗莱雷,主要在以下几个方面进行了引人注目的改革。

(一)整修校舍,反对官僚主义作风

在弗莱雷担任圣保罗市教育局长后,他看到的第一个重大问题是:市立学校的校舍破旧不堪,物资设备残缺严重。在上任一年后的一次评估中,弗莱雷发现该问题的广泛性。

在圣保罗市的 662 所学校中,差不多有 400 所学校的校舍及物资设备都存在很大问题,其中有 59 所学校的问题更为严重。在这些学校中,学校建筑破破烂烂,电线裸露,下水道堵塞,操场坑坑洼洼,课桌椅缺腿少背……尽管这些学校的校长从未停止过要求主管部门修缮学校校舍和添置设备,但面对官僚主义部门,学校的问题依然没有解决。

面对破旧不堪的校舍和严重的官僚主义现象,弗莱雷表示了他的愤怒之情并对造成这种状况的原因进行了谴责。同时,弗莱雷在全市召开了系列会议,播放这些学校惨状的录像,呼吁更多的公众关注和监督公共财产的状况。

在弗莱雷担任教育局长的第一年里,他着重计划和实施修缮这些破旧的学校,尽一切可能使各所学校能具有教学所需的正常的环境。然而,困难是巨大的。仅用前任管理者剩余的那点可怜的预算资金远不能解决问题。为此,弗莱雷作出了极大努力来改善学校的状况。在他的努力下,公共资金已投入到26所学校的维修和20所学校的改建。10所新建的学校竣工,另有9所正在建造之中。此外,还添置了24 500套新的课桌椅和修复了6 000多套旧课桌椅,并为许多学校购置了新的教学设备。

对于管理机构的官僚主义作风,也是弗莱雷工作之初着重要解决的一个问题。他指出,官僚机构不知在关心什么,无穷无尽的文件慢吞吞地从一个部门转到另一个部门,给正常工作设置了许多障碍。他提出,这些官僚主义的管理体制不能再继续下去了,必须进行彻底的改革。改革的措施就是实施"一线"工人工作的方式,以正确快速的形式去执行一个既定的任务。

(二)强调民主,消除教育不公现象

在弗莱雷上任之时,他就明确提出要为改变公共学校的面貌而努力。他说,我们的目标不仅要使学校公共化,而且还要使学校大众化和民主化。这是因为,以前的军政府的教育政策导向教育私有化,而这种私有化又损害了公共教育,受害最严重的自然是下层阶级的子女,他们不断地为特权阶层付出代价,从而形成了巴西教育中的又一个大问题。

面对教育的不民主和不平等这一问题，弗莱雷表示出极大的愤慨。他说："当我知道在巴西有大批的穷孩子被阻挡在学校门外；当我知道他们当中许多人已经入学但又被'驱逐'出去而却说他们是退学的；当我知道人们轻蔑地对待公共学校；当我证实在圣保罗市还有 100 多万孩子流浪街头，我感到十分吃惊和愤怒，同时也给了我勇气，去为这些受压迫的人争取民主而斗争。"①

对于许多穷孩子不能上学、留级或退学的现象，弗莱雷指出：受教育是人人享有的权利，而社会结构产生了一系列的障碍和困难，导致了许多下层阶级的孩子不能上学。当这些孩子有机会入学时，他们在学校也遭遇到同样的障碍和困难。在每周两次走访学校中，弗莱雷揭示了学校教育的问题，他认为有许多因素都会造成学生的留级和退学，如学校有效时间的利用、师资质量、教育内容、教学方法等，其中最重要的原因之一是对学生的评价问题。弗莱雷指出，学校用来评价学生的标准是唯智的、重书本知识的。学生入学前和在学时，都要经历基于知识的智力评价过程。这种评价仅有利于中上层阶级的孩子，而不利于来自贫穷的低收入家庭的孩子，因为这种评价没有考虑孩子们入学时所具有的"生活经历知识"。这样，那些穷孩子就会被置于一个相当不利的境地。来自中上阶层的孩子的经历使他们掌握了中上阶层的词汇、韵律和句法，因此，学校认为他们具有语言分析能力，符合标准。而穷人的孩子的经历却不在书面知识范围内，大多在直接的行动中，很明显，这些穷孩子由于对书面语言不熟悉或不常书写，因而他们在从口语到书面语言的学习中就会遇到更多的困难。然而，出现这种状况并不表明他们绝对的不聪明，而只是缺乏这方面的经验而已。例如，当学生动情地跳着桑巴舞，当学生边唱边用身体和着用手在火柴盒上敲出的节奏时，谁能说这些在一系列考试中成绩不好的穷孩子没有节奏感呢？②

---

① Paulo Freire, Pedagogy of the City, Continuum, New York, 1993. P.52—53.
② 同上，P.37.

因此,在改变学校面貌的目标中,弗莱雷首先提出了要加强民主管理,建立一个民主的、进步的、有效的公共学校体系。在这个体系中,不应出现高人一等的状况,但也不伤害来自社会经济条件优裕的家庭的孩子,而要尊重学生的存在方式、他们的阶级和文化结构、价值、知识、语言等方面。

然而,弗莱雷提出的有利于下层阶级的民主教育,却遇到许多实际困难。在圣保罗这个大都市中,涌入了大批生活无着落的移民和长期失业、无家可归的市民。圣保罗市约有 100 万人没有工作,700 万人居住在棚户里,约有 40 万 7—14 岁的孩子不能入学,14％的青年和成人是文盲。这对要求改变学校面貌、消除下层阶级教育不公平的现象的管理者来说,确实是一个巨大的挑战。

(三)重视参与,改革学校管理体制

在巴西,专制主义的文化根基很深。尽管在 80 年代后期,巴西民主进程进一步发展,但是巴西许多部门的管理者仍然实施独裁专制的管理办法。在教育部门,专制式的管理是较为突出的。

在弗莱雷任教育局长之前,教师因罢工而受到迫害,要么被解雇,要么被流放;教师提出的许多进步的教育建议被认为是受到共产主义的影响,这些建议无一被采纳,而像废纸一样被烧掉;甚至对刚刚通过的学校法也可以不加理睬。

从弗莱雷担任教育局长的第一天起,在市长的支持下,重新确立了学校法,该法具有的重大价值之一是学校要建立校务委员会,使学校社区成员都能参与学校的事务。在弗莱雷的努力下,校务委员会的建立已成为现实。

然而,这一过程也非一帆风顺。校务委员会的成员是由学校社区的成员选举出来的,但是许多校长试图操纵这些选举,以使校务委员会更为专制,不让该委员会倾听家长和社区成员与教师讨论内容广泛的教育问题。在有些情况下,校务委员会作出了决定,但是学校行政人员认为是错的,甚至有的认为是侵犯人权。在这种情况下,学校行政人员就与校务委员会讨论他们的想法,最终总是以校务委员会只管教育事务为由而不了了之。

校务委员会的工作甚至连许多教师也不能很好理解。他们认为,学校事务历来属于教师和专业人员的事,教师希望有权决定教什么以及处理有关纪律方面的问题。

在弗莱雷任教育局长的两年半期间,圣保罗市的学校经历了激烈的争论,主要是校长、专业人员的权力与民主化发展及教师、学生、家长具有的权力之争。在这期间,通过走访学校、工会、家长、政府各部门、立法机构,在听取了各方意见的基础上,提出了实施学校法的指导性建议。当然,为了尊重民主原则,弗莱雷的教育局在某些方面也作出了妥协。例如,学校应通过选举产生校长是弗莱雷主张的民主改革的重要一环,但是,由于这一建议遭到绝大多数学校的反对而只能作罢。

在学校管理体制改革中,弗莱雷取得的主要成果就是建立了校务委员会并赋予其更大的权力,在校务委员会中,教师、家长、职工、教育专业人员、社区成员具有相同的代表权。此外,各学校的校务委员会也相互联系,成立地区性委员会,经常讨论有关学校的问题以及市预算计划问题等。

(四)改革课程,注重学生生活经验

在弗莱雷担任教育局长后,他提出的目标是要改变学校的面貌,也就是要将原来保守的学校改变成进步的学校。所谓进步的学校,弗莱雷认为,这是一种严肃、高效、公平、愉快的学校,在这种学校里,学生无论是来自富裕家庭还是贫穷家庭,都能够学习,能提出问题,有创造力,能够得到发展。

为了达到建立成进步学校的目标,弗莱雷主张必须要进行课程改革。弗莱雷首先组织了一批不受任何教育行政机构束缚的课程专家,形成一个专家组,通过这些专家,制订出一个意义深远、具有相当严格的课程标准的体系。然后,弗莱雷召集100多位心理学家、生物学家、生理学家、社会学家、政治理论家、艺术教育家、数学家、哲学家、法学家以及性教育专家等,同他们探讨了知识、艺术、伦理、社会阶级、人权、性、语言和教育的关系以及了解了他们对课程改革、课程设置的看法。

主张民主改革的弗莱雷指出,课程改革决不是由一批所谓的专家精心设计、思考、制造出来的。课程改革也是一种民主的、具有政治意义的过程。正是出于课程改革中的这种政治性和民主性,弗莱雷并没有对专家学者们的言之凿凿的"处方"全盘照收,而是在听取这些专家的意见的基础上,直接和学校的校长、教师、督导、食堂工作人员、看门人、学生、家长、社区领导等进行交谈,了解他们如何看待学校和他们希望学校成为怎样的一个学校,同时也告诉他们学校的具体情况。弗莱雷的意图是尽可能地吸收来自不同领域的人员的意见,以利于更好地进行课程改革。

在课程内容的改革中,弗莱雷提倡要注重学生生活经验。弗莱雷认为,课程内容应以学生的生活经验为基础,在课程设计中不能减少或剔除学生带到学校、来自生活经历的知识。尽管这些来自生活经验的知识还要进行综合、精确化,成为一种科学的知识,但这不意味着学生的生活经历被贬低,相反,一个人只有通过生活的经验才能学到更多精确、科学的知识。[①]

因此,弗莱雷主张,课程内容的安排首先要尊重学生的文化和他们带到学校来的知识的价值。他建议,应从学生带到学校的知识开始教育,因为这种知识是他所属的社会阶层的一种表达,学校不应该人为地取消它。总之,学校里教的知识应与学习者来说是相关的和有意义的。[②]

关于学校应教什么,弗莱雷指出,学校应教的内容应与现实的"批判

---

① Paulo Freire,Pedagogy of the City,Continuum,New York,1993,P.23—25.

② 同上。

性阅读"相关,学校应教会学生如何通过教学内容来引起思考。弗莱雷既不主张学校只教远离社会的内容,也不提倡为了"正确思考"的训练而脱离教学内容。[①] 他认为,学校的课程设计就应该关注到这两者的相互关系。正如传统的教育者试图通过教学内容,把大量的社会问题藏匿起来,而进步的教育者是要通过教学,把蒙在这些社会问题后面的面纱揭去。前者使学习者迁就、调整以适应这个既定的社会,而后者使学习者不安,激起他们去了解呈现在面前的这个不断被变革、被改变的世界。[②]

由此,弗莱雷提出了必须要给课程重新定向。重新定向的课程应具有一种注重体现解放教育思想的特点,为将其实施,必须号召全体社区成员的参与,关注课程的方向和实施。

在课程的重新定向过程中,弗莱雷确定的一个目标是建立一种以通常的问题为核心的、涉及到多学科的课程。也就是以日常问题为出发点来组织课程。因此,在设计这类课程前,必须要先了解地方的实际情况,了解地理、工具、人力、工作之间的关系,了解价值观和社会不平等的状况。只有在分析了这些状况后,才能确实了解其重要的背景,从而确定学习的问题。例如,要学习的问题可以是:

1. 工作与休闲:幸福之途。

2. 生活在无暴力的世界是有可能的。

3. 在占据空间中,学校与人的相互作用。

4. 工作与生活:人们怎样构建这种关系?

5. 公民:如何做一个公民?

6. 社区:交往、意识、变革。

7. 邻里关系。

8. 人类接近、占据和适应环境。

……

---

① Paulo Freire,Pedagogy of the City,Continuum,New York,1993,P.23—25.

② 同上,P.24.

在这些问题中,包含了经过选择和加工的不同的人类知识领域,学生可以了解这些日常问题并组织和产生新知识,学生能够批判地看待他们所处的现实和扩大他们了解世界的知识面。

弗莱雷倡导的这种多学科的、培养创造力的、以日常问题为核心的课程已在353所小学中的200所里进行了推广和实施,并取得了明显的成果。

(五)培训教师,提高师范教育质量

在弗莱雷任教育局长之初,他就指出,长期以来,师范教育一直受到轻视。如果这种状况再继续下去,就不可能改变学校的面貌,也不可能使学校成为严肃、高效、愉快的学校。

因此,在上任伊始,弗莱雷改革的重点之一就是师范教育。他指出,教师的培养不但在数量上要有充实的保证,而且在质量上也要有高标准。为此他提出了作为教师培训的六条标准:[1]

1. 教师是其实践的对象,教师有责任不断地创造和再创造这种实践。

2. 教师的培训应使教师掌握创造以日常工作为基础的实践的工具。

3. 教师应不断地系统地接受培训,因为教育实践总是处于变革之中。

4. 教育实践需要了解知识本身的起源,也就是说,教师要了解发现过程是怎样发生的。

5. 教师的培训课程是学校课程重新定向过程的阶梯。

6. 教师培训课程的要点是:

(1)展望理想之学校,以此来提出新的教育建议。

(2)必须给教师提供人类知识不同领域的基本组成部分。

---

[1] Paulo Freire,Pedagogy of the City.Continuum,New York,1993,P.74—75.

（3）教师应了解科学的进展，这有助于学校质量的提高。

尽管已开设了各种各样的教师培训课程，但弗莱雷认为，教师培训的课程应坚持行动—思考—行动的原则。也就是说，教师以他们自己的实践为出发点来进行讨论，用较深的理论知识来分析，从而使教师在未来的教育变革中能运用理论来指导实践。

为加强师范教育，弗莱雷还建立了师范教育组织，让教师有机会在社会、情感、认知方面的问题上进行交流，一方面确保教师的个人尊严和专业地位，另一方面让教师了解他们在组织内外的状况。此外，还建立了新的教师培训模式，让大学教师与中小学教师共同探讨面临的教育问题以及建立家长培训班，让家长定期与教师交谈，讨论有关孩子的教育问题，这也有助于加强学校与社区的关系。

第八部分　巴西教育改革与发展展望

第一节　20 世纪八九十年代巴西教育行政
与财政管理的改革

(一)巴西教育行政管理模式的改革

1. 巴西教育行政管理变革的两个重要时期

与拉丁美洲大多数国家不同,巴西从来没有联邦政府集权的教育制度。在殖民地时期,初等教育由省政府负责,殖民当局仅负责精英教育或称高等教育。在 20 世纪初,市政府开始与州一起参与初等教育,到 20 世纪 50 年代,市政府管辖的初等教育已达 30％。20 世纪 30 年代中期,私立中等教育兴起,到 20 世纪 50 年代末,中等教育逐渐不再由州政府负责。在教育上的这种划分和不明显的公私立的竞争,并非是一种全面计划和组织的产物,而是各级政府部门失职的结果,给巴西的教育制度带来了不幸的后果。一方面,产生了集权和独裁的管理模式来发展和管理教育制度,如联邦政府集中了收税的权力,而州政府从来也不将联邦政府的资金拨给市里;另一方面,这也促使各种力量的加强,使政治决策产生更大的难度,给教育制度带来了更大的不幸。

面对这种状况,巴西产生了有关教育管理改革的争论,争论主要发生在以下两个时期:

(1)70 年代末巴西政治开放时期,颁布了新的联邦宪法,规定盲接选举总统,在 1982 年政府官员的选举中,形成了对新的教育政策实施的关键时期。

(2)80 年代末至 90 年代初期,在 1988 年颁布了新的宪法。

1982 年在州和市里进行的选举在政治和经济上均具有重大意义,产生了大量不同的新的力量,要求民主管理公共机构,其中包括教育的管理。这个过程也影响到了市属的各种类型的学校。随之进行了许多改革试验,有些成果被要求写入新宪法中的教育条款中。

遗憾的是大多数的实验过程并没有被记录和研究,对全国各州和各市开展的教育管理的改革的信息收集也不完整,但是,可以肯定,各州和市开展的教育管理方面的改革已有 10 多年的经历,也出现了许多不同的情况,其中最为突出的是思想上的变化,强调了教育管理上的民主、参与、分权的思想。

从 1982 年起,巴西对以前的教育法重新进行了修正和调整,以适应教育的分权化、市立化和民主化,尤其是对初等和中等教育的管理。许多提案在制定法律的过程中得到了支持并最后形成法律,虽然也会作些修正和调整,但方向却是努力向民主化国家过渡,并且加强了全国教育的民主进程。因此,无论是在专制时期出现的变化中,还是在 80 年代末颁布的联邦宪法中,都为巴西的发展提供了一种重要的气氛。

在以下五个方面可以反映出这种气氛的重要意义:

(1)在进行分权和参与的实践中受到鼓励的民主管理原则得到了宪法的支持。同时,宪法允许有不同的形式和机制存在,并通过这些不同的形式,教育管理民主化才可能在这个拥有广阔领土、具有极大差异和不平等的教育现实的国家中实现。

(2)按照宪法进行的税收改革,极大地扩大了资金来源,使州和市能够按其法律规定的权利,通过下放资金和税收权来开展其工作。

(3)对于通过税收得到的资金的分配,宪法规定了三级政府维持和发展教育必须提供的最低比例,这充分表现出教育资金在宪法中得到了保障。

(4)宪法规定了教育领域中的权力划分,确认了市教育体系的存在,并加强了市对学前教育和初等义务教育的责任。

(5)宪法规定,在宪法颁布后的 10 年中,将三级政府征收税的 50%用于普及初等教育、提高教育质量和扫除文盲。

巴西联邦宪法作出的规定以及以后各州的宪法和市的组织法的规定,都为巴西的教育发展勾勒出一种基本框架,促使巴西的教育改革更加深入并导向各级教育,目的是要使巴西的公共教育的管理和财政更趋合理和提高教育质量。

在这种气氛下,巴西许多地方已按照宪法进行了改革,也有许多地方正准备实施改革。然而,要对改革的成果进行检查和评估,还存在很大的难度,主要的原因有:

第一,宪法条文对三级政府权限的规定不够明确。在这种情况下,确认了市教育体系,但是没有确定市立法对其教育体系的权限。

第二,缺乏全国性的指导来加强州和市合作的有效形式。联邦政府有责任促进州和市在教育上的合作。

第三,由于经济危机,公共投资受到限制,政府不得不取消了大量的教育投资,从而遏制了教育的改革与发展。

第四,由于经济危机,迫使政府机构进行了改组,政治趋于不稳定,这使联邦、州、市政府很难采取必要措施来实施更深入的教育改革。

第五,对巴西教育领域发生的改革的范围、复杂性和地区的差异缺乏深入理解。

第六,缺少法律机制和补充机构来形成有效的信息系统,该信息系统的目的是监督各级政府依法对教育提供资金。

由于缺乏全国性的信息系统,造成了许多地方的信息不确切、不连贯、不能进行分析和比较。尤其是对一些没有按规定对教育提供资金的地方,教育不平等现象更为突出。

在巴西教育改革中存在的这种状况表明,巴西仍缺乏一种持续性的政策以及科学性的评估体系。因此,巴西教育制度依然是低效率的,反映在学校中的留级和辍学现象没有根本性的改变。

2.20 世纪 80 年代中期巴西教育行政管理的改革

20 世纪 80 年代中期,巴西在政治和经济方面也充满争论。随着公共部门巨大赤字和投资几乎中断的问题,这些争论就更为激烈。此外,巴西国内正经历着直接选举总统和国会议员的活动,因此,巴西的改革与那些政治稳定和权力巩固的国家有很大差别。

然而,在 20 世纪 80 年代的政治运动期间,巴西也出现了对公共机构臃肿、腐败以及没有提供令人满意的服务等激烈的批评。人们已形成了这样的一致看法,即巴西公共机构的庞大和集权,已成为提供有效服务的一种障碍。重要的是,要在社会上形成力量,促进国家的改革,使国家服务于公共利益,而不只为具有巨大权势的少数人服务。于是,在巴西各地展开了形式不同的改革,当然这些改革也直接影响到教育的改革。

在 1983 至 1985 年间,米纳斯吉拉斯州正处于教育机构民主化的过程中,而这时正是国家进行民主变革开端的典型时期。学校开始检查课程,目的是要在教育内容中强调培养公民的意识。此外,还首次试图改变学校领导选拔的方式。

在 1983 至 1989 年期间,巴拉那州教育管理中发生的明显变化是,在所有州立学校中,全部实行直接选举学校领导。这种改革受到了学区、教师工会和教育专家的巨大支持,同时在州内也引起了激烈的争论。

在 1983 至 1985 年间,圣保罗市的教育管理也发生了变化。圣保罗市较关注为学校开辟参与管理的渠道,寻求让学校自己管理资金的机制,并改革以前法律规定的学校工作分等级的做法。

从巴西的这几个地方的改革情况来看,具有以下一些引人注目的共同特点:

（1）还没有明显意识到教育管理的改革与国家机构改革之间存在的深刻关系。米纳斯吉拉斯州就是一个明显的例子。在 20 世纪 80 年代初,米纳斯吉拉斯州的改革并没有伴随参与运动,也没有重建教育厅机构模式。

（2）与其他管理问题相比（如资源的合理化和加强学校权力等）,在政治开放初期,巴西出现的参与具有重大意义。确实,20 世纪 80 年代初实施的选举学校领导,其目的是要加强学校工作。然而,却不存在作决策的工具,特别是在学校中有效实施的权力,因为决策的权力仍然是集中的。

总之,在 20 世纪 80 年代初,巴西的教育管理已进行了试验,既形成了这个时期的特征,也存在一些局限。在这一时期注重的管理问题是民主化和参与,而不是合理化和效率。在教育制度中进行的改革与国家机构的改革没有明显联系。巴西的政治力量更关注于国家民主的制度化,而不是动员社会理解教育的重要性和进行改革来适应广大的青少年。

3. 20 世纪 80 年代末至 90 年代初巴西教育行政管理的改革

据巴西的一些研究资料分析,20 世纪 80 年代末至 90 年代初,巴西教育管理的改革特征是:民主化继续是主要成分,而增加的措施明显注重于资源的合理使用,包括州和市的统一。民主化已经与评价结果、寻求效益等方面联系了起来,涉及到更大程度的学校的自治和强化。

在这期间,巴西的康达海姆市在管理模式的变革中,参与较为典型。该市在学校教学委员会与市教育委员会之间建立了关系,这不仅仅是学区代表,更是全社会的代表参与的结果。尽管强调的是参与,但是各种参与的范围是明确规定好的,同时,还采取了措施来加强学校至少在财政资金方面的管理。学校领导的选举则是以直接选举则的方式进行的。

康达海姆市在管理改革中最重要的一方面也许是建立了与州政府合作的体制,在合理使用资源中能够做到重新组合以满足市的教育需求。当然,该市的教育管理改革取得了很大进展,特别是在民主化和合理使用资源方面,但是要达到学校的主要目标——提高教学质量,还有很多的事要做。

在巴拿比市教育管理改革过程中,已建立了市教育体系规划委员会。不仅在教育目标上而且在资源上,该委员会试图在州立、市立和私立学校之间寻求一种统一。在州和市之间建立的这种合作制,市教育体系规划委员会起了很大的作用,使人力、财力资源使用更趋合理。

米纳斯吉拉斯州的改革也许是新管理模式最完整的典型。州政府明确规定了教育发展上的优先,而且工作都是围绕这个优先进行。这表明,已重新确认了州教育厅为集权管理机构,但大量的决策权下放给学校,使学校工作更具主动性。也就是说,策略性的作用是由州教育厅来负责的,包括确定基础课程形式和学生学业的外部评价。因此,学校的自治也是相对的。这种教育管理形式实际上是一种双元制的,即州也起了一种积极的作用。

在课程指导方面,该州采取的策略是对教育的基本内容的指导,使教育内容尽可能更具普遍性。对学生学习的评价,该州主要检查学校达标的情况,这种评价主要是促进教育体系内的发展平衡,保证所有学生都能掌握教育基本内容以及在资金和技术上提供帮助。在民主与参与管理方面,该州也有明确具体的规定,如学校领导实行竞选制、加强教育工会的权限等,同时也建立了法律机制来保证学校的资金。

(二)巴西教育财政管理的问题

与同等收入的其他国家相比,巴西政府并没有高度重视对教育的投资。1983 年,巴西公共教育经费只占国民生产总值的 2.8%,而拉丁美洲国家的平均比例达 3.9%。就是巴西经常比较的一些国家,其比例也远远高于巴西,如韩国 7.7%,马来西亚 6.1%,委内瑞拉 5.1%,墨西哥 4.7%。

从 20 世纪 80 年代末至 90 年代中期,巴西不仅增大了教育的实际开支,还增加了对教育的投资比例。因而,在一定程度上促进了教育的发展和教育机会的均等。然而,教育的投资和教育所取得的成就(尤其是在初等教育领域),仍然与作为中等收入并具有经济发展潜力的巴西很不相称。这种失衡的现象主要又集中在农村地区和市立学校。因此,巴西教育财政的改革,必须要以增加教育经费、合理分配和使用资金为目的。为达到这个目的,巴西一方面引入了转让机制来改善教育资金的分配,另一方面义加强了地方税收的能力。此外,如何将"巴西全民教育十年计划"转变为具体的行动来解决巴西教育财政问题,也是巴西政府正在考虑的事情。

综观巴西教育财政问题(尤其是初等教育),可以概括出存在五大政策性问题:

1. 缺乏政策分析

据巴西的研究资料揭示,巴西联邦政府在作决策的过程中,没有以政策分析为基础。在教育财政和经费分配的决定中,缺乏科学的分析。虽然巴西教育部和其他一些机构都有一些政策分析的部门,但不是人员不足,就是效率低下,无法开展科学的分析。在巴西,无论是长期政策的决策,还是下一年度联邦的教育预算,都没有用政策分析来加以指导。这样的一种状况,往往会出现决策的失误,给教育的发展带来难以弥补的后果。

巴西有四种类型的政策分析机构:第一种是教育部内的机构;第二种是教育部以外的政府机构,第三种是政府资助的大学研究机构;第四种是签有协议的独立机构或大学中的顾问进行的专门研究。这几种机构均有其特点,巴西政府倾向于同时采纳各类机构的分析以加强各自的互补而有利于决策。

2. 各级教育经费分配不公平

巴西联邦政府对高等教育(本科教学)的资助经费占了联邦教育预算的一半以上。巴西的许多教育专家认为,这种资助既是高度不公平的,又是低效益的。从横向来看,这种不公平表现为相同的家庭收入的学生得到不同的资助,主要取决于是在公立大学还是在私立大学注册。从纵向来看,这种不公平表现为低收入家庭的学生在他们求学期间得到的教育经费极少,而且不太可能有进公立大学的机会;相反,高收入家庭的学生在求学期间可以得到很多的教育经费,而且很可能进入免费的公立大学。例如,高收入家庭的学生占小学总数的比例为 7.7%,而在公立大学占的比例却达 48.3%。

除了这些不公平外,联邦政府对高等教育的资助也是低效益的。政府投入的经费远远超过高等教育达标所需的费用。巴西和许多国家对高等教育的收益率的研究一致表明,初等教育的社会收益率远远高于高等教育。因此,降低高等教育的公共经费而增加初等教育的经费将会增加巴西教育投资的总体收益率。因此,巴西提出了公共高等教育的资助应倾向于低收入家庭的学生和重点项目,并将节余下来的经费用于初等教育的扩展和质量的提高。

3. 各类初等教育经费分配不公平

从巴西每个学生的教育经费来看,在初等教育入学机会和教育质量方面都存在巨大差别,首先,巴西各地区之间存在不公平,在东北地区市立学校每个学生的经费还不到巴西其他地区每个学生经费的 1/3。其次,巴西各类学校之间存在不公平,市立学校每个学生的经费常常大大地低于州立学校每个学生的经费。第三,入学机会上存在的不公平,低收入家庭的学生绝大多数在市立学校,高收入家庭的学生绝大多数在州立学校。

在学校经费重新进行调整以照顾落后地区方面,巴西联邦政府发挥了很大作用。仍然存在的经费开支上的不公平以及在州和地区内存在的市立学校和州立学校之间的经费上的不公平现象,已经引起了有关部门的注意。

4. 教育资源浪费严重

在巴西,初等教育的留级率相当高,尤其是在小学一年级,此外,甚至在每个学生经费较高的地区,留级率也很高,由于在某一年级上使用了过度的初等教育经费,这就造成了初等教育资源的大量浪费,使初等教育的入学率和教育质量无法提高。如果能减少留级率,就可以将这部分重读的费用用于扩大受初等教育的机会上和提高教育质量上。

5. 财政管理低效率

巴西联邦对州和地方政府的拨款机制运行效率很低,这主要有三方面的原因,①三级政府都要求写出详细的计划和报告;②日常工作要求与联邦政府要达到的目标之间没有明确的联系;③联邦政府在税收上的错误做法以及在拨款上存在的拖延情况,再加上通货膨胀的原因,使得要用资金时没到位,而资金来时往往又失去了原有的价值。

(三)巴西教育行政与财政管理改革趋势

面对巴西教育管理和教育财政所遇到的问题,巴西的教育政策和教育管理改革的倾向着重于以下三个方面:

1. 改善决策

改善决策就是促进巴西联邦政府对教育作决策的科学性。巴西已提出了若干高质量的有助于指导联邦预算、教育部预算以及教育政策分析的措施:

(1)改善教育部里规划部门的决策过程,以提高教育部里进行的政策和预算的决策能力。

(2)扩大和提高国家人力资源中心(CNRH)的规模和作用,以指导联邦政府对一些教育政策和财政问题的争论。

(3)资助以大学为基地的研究中心,以开展对教育财政的研究,并在教育决策中提出独立见解。

这三个措施是相辅相成的。实际上,这三个措施的目的都是要使巴西政府的决策更科学化。

2. 促进平等

巴西的公立高等教育得到了联邦政府大量的教育经费,然而,巴西

高等教育的质量还有待提高。为了促进教育经费的公平分配,巴西提出了既不降低质量,又能够减少联邦高等教育开支的两个措施:

(1)引进费用回收机制或对那些能够支付学费的学生收缴学费。尽管有一定的难度,但现已有60％的大学生在支付较高的学费。

(2)通过提高联邦大学的入学标准来进一步限制入学人数。这一措施看来在公平和效益方面不如引进收费制好。

在巴西,各地区、各教育体系中的初等教育的经费分配有很大的差异,存在着不公平的现象。要减少地区间的差异,最有效的措施是联邦政府增加总税收量。此外,在减少各州内的州立学校和市立学校之间资金分配不公方面,联邦政府也采取了一些措施,如将更多的联邦税收直接分配给市立学校。但是这种做法会增加官僚主义作风,也限制了州对初等教育的责任。另一项较好的措施是通过规定一些条件,教育部来平衡联邦对州的拨款,如鼓励或要求州减少州立学校与市立学校之间资金分配的差异。"鼓励"措施采取的形式是哪个州在减少差异方面做得好,哪个州就可以得到更多的联邦资助。"要求"措施采取的形式是将大量的联邦资金指定拨给市立学校。为了促进平等,在"鼓励"和"要求"方面上还必须加以严格有效地实施。

3. 提高效益

巴西学校中的留级率一直很高,尤其是小学一年级。为降低留级率,巴西也实施很多策略,例如:提高教学质量,改变升级标准,建立一种灵活的、自动的升级制等等。甚至在每个学生经费开支较高的地区也出现了较高比例的学业失败。这种状况表明,仅仅提高教学质量,也解决不了这个问题;建立统一的升级标准并培训教师,也许花费太大。许多研究资料表明,较高的升级标准和学业失败都不会起到激励学生的作用,因此,巴西也在考虑是否可用灵活的升级标准体系。

在财政管理方面,联邦对州和地方政府拨转教育税收的直接费用(人员和时间)是大量的,从而使州和地方政府不能确切地进行教育预

算。为了减少直接费用和消除这种不确切性,巴西提出了以下一些措施:

(1)联邦的各种拨款应尽量包含在"专门协定"中,以减少重复现象。

(2)如果通货膨胀居高不下,联邦的项目资助应根据通货膨胀的指数来加以调整。

(3)在"专门协定"中的项目资助,从管理上来看,应被简单的拨款过程来取代。

巴西提出了三种措施来代替联邦的项目资助:①将项目资助主要用于专门协定中的一般目标水平上;②将联邦拨款以限制使用资金的形式来分配,并辅以使用规定或符合联邦政策条件才可使用;③用竞争资金的形式来取代专门协定中规定的数量,资助的数量视符合联邦政策目标的程度来确定。这些措施都将会减少现行拨款体系的管理费用,而不妨碍联邦对这些资金使用的控制。

第二节　巴西教育发展战略重心的重新确立

从 20 世纪 80 年代末至 90 年代中期,巴西吸取了以往教育发展中的教训,重新确立了在本世纪末至下世纪初巴西教育发展的战略重心是要解决普及教育和提高教育质量的问题。

巴西 1988 年宪法规定的教育目标之一就是要普及教育和提高教育质量。1996 年颁布的"全国教育方针与基础法"又进一步明确和深化了这一目标。为具体落实普及教育和提高教育质量的目标,巴西政府已采取了许多重大措施,制定和实施了在巴西教育发展中具有极为重要影响的计划,主要的有:

1. 全民教育十年计划;

2. 全国全面援助儿童和青少年计划;

3. 东北地区基础教育计划；

4. 教育和教学改革援助计划；

5. 全国远距离教育计划；

6. 提高教师职业价值计划；

7. 学前教育扩展和改进计划；

8. 青年和成人教育计划；

9. 印第安人教育计划；

10. 学校学生资助计划。

（一）巴西全民教育十年计划（1993—2003 年）

1990 年 3 月，巴西参加了在泰国宗迪恩召开的世界全民教育大会。作为大会的一个结果，确定了需要一致努力为全体儿童、青少年和成人提供基础教育。根据全民教育会议的精神，巴西作出了承诺，全面实施全民教育。

1993 年 5 月，巴西举行了"全国全民教育周"。此后不久，巴西建立了全国全民教育委员会，并拟定了全民教育十年计划。在经过全国的讨论后，于 1993 年 12 月正式公布了全国全民教育十年计划。

巴西全民教育十年计划是巴西加强基础教育的一种重要手段，其基本目标是要强迫政府必须履行其职责，按标准调整地区教育差异，使教育资源的使用体现出一种公平性；加强教师培训，改善教师工作条件，提高教师的社会地位，使教师成为提高教育质量的关键人物；加强继续教育，减少文盲人数和提高教育不足的青少年和成人的平均教育水平；改革课程和教学方式，引进新的教育思想、方法和技术；加大对贫穷儿童的教育援助的力度；改革学校管理体制；减低留级率和辍学率；关注学前教育的发展；加强各级政府的统一行动；在促进、评价、宣传普及教育和提高教育质量的过程中，注重社区的参与等（巴西全国全民教育十年计划详情在本章第三节中有专述）。

（二）全国全面援助儿童和青少年计划

在 20 世纪 90 年代初,巴西儿童和青少年的教育问题已成为全社会关注的焦点,尤其是贫困家庭的儿童已成为优先照顾的对象。为了保护儿童和青少年的权利以及尽快解决阻碍儿童和青少年发展的巨大问题,巴西政府制定了并现在正在实施的"全国全面援助儿童和青少年计划"。

巴西全国援助儿童和青少年计划的目的是促使全社会共同努力来解决巴西儿童和青少年发展中面临的极为严重的社会问题。该计划的指导思想的关键是"全面援助",也就是说,要努力保证在儿童最需要的时候,能及时而适当地提供儿童发展最基本的各种帮助。

为了落实计划,巴西政府制定了一对双重策略,即既是参与的又是民主的。这样,不仅符合指导全社会的基本原则,同时又能有效而成功地动员一切力量来达到预定的目标。该策略是由以下 4 个主要的行动方针为基础的:

1. 家庭和社区直接提供满足儿童和青少年的基本需求;

2. 促进儿童发展是家庭、社会和国家的共同责任;

3. 全面提供所有的、基本的公共服务,如健康、教育、运动、文化、职业培训和营养等。

4. 保证持续提供这些服务。

在全面援助儿童和青少年计划的实施过程中,巴西政府还强调以下三个原则:

1. 分权。指的是属于国家行政机构一部分的州和市政府,应极大地参与援助儿童和青少年。

2. 统一。指的是教育部的活动要与联邦其他机构的活动相统一。

3. 相互作用。指的是在教育部、厅、局和联邦其他机构进行的活动之间以及在实施这些活动的社区之间所起的相互作用。

巴西全面援助儿童和青少年计划共包括有 8 个部分,或称为项目。

每个部分均着重于一个优先援助的领域，并适当考虑到儿童发展的不同阶段的特殊性、儿童家庭的客观条件以及地方社区的社会、经济和文化环境。

该计划包括的 8 个部分是：

1. 特殊儿童和家庭的保护；

2. 促进儿童和青少年的健康；

3. 托儿所和学前教育；

4. 正规学校教育；

5. 体育运动；

6. 文化；

7. 职业教育；

8. 营养。

此外，该计划的实施还特别强调在达标过程中所采取的手段，因为这些手段的作用是要有助于提供帮助、协调过程和结果、运用适当的技术和协调各机构的活动。

为了具体实施该计划，巴西政府在各地区都新建了专门的教育中心，称作"全面援助儿童和青少年中心"。这些中心在全国教育领域中发挥了巨大的促进作用。由于各地方社区存在的差异，在建立中心前，也适当考虑到以下的几方面：①社区的兴趣；②提供服务所需的现有力量；③合适的地方（如要建造新的设施）；④地方管理和实施的实际能力等。

巴西全面援助儿童和青少年计划的制定和实施充分表明：巴西已将关心儿童和青少年的发展置于绝对优先的地位。作为达到巴西教育目标的一个改革试验，全面援助儿童和青少年计划对全民教育十年计划来说也具有重大意义。

巴西全面援助儿童和青少年计划的基本思想可以用下图来表示：

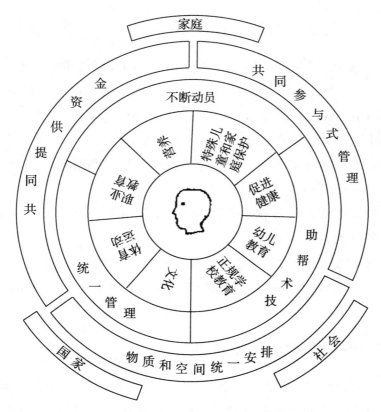

巴西全国全面援助儿童和青少年计划的基本框架图

说明：

1. 图中心的儿童头像表示全面援助的焦点是儿童和青少年。

2. 图中心的第一外围圈表示计划中的 8 个部分，全社会应要满足儿童和青少年的这些基本权利。

3. 图中心的第二外围圈表示计划的实施要通过不断动员来加强，通过统一管理来协调，通过提供持续的技术帮助来丰富。

4. 图中心的第三外围圈表示计划的实施包括各单位在物质和空间上的安排要统一（不一定要占据邻近区域）、要实行共同参与式管理和共同承担资金的提供。

5. 图的最外围表不全面援助儿童和青少年是家庭、社会和国家的共同责任。

资料来源：①Federative Republic of Brazil，Ministry of Education and Sports，Education in Brazil：Situation and Prospects，Brazil，1993，P.12.

②Federative Republic of Brazil，Ministry of Education and Sports，The Development of Education：National Report，1992—1994，44. Session of the International Conference of Education，Geneva，1994，P.36.

(三)东北地区基础教育计划

"东北地区基础教育计划"是巴西教育部干预极为落后地区的公共教育体系的一种主要手段。该计划的目的主要是提高东北地区初等教育一至四年级的教育质量。

该计划的实施主要通过以下几项措施来进行的：

1. 给东北地区各州的公共教育体系提供技术和财政方面的支持,尤其是在行政管理上(包括学校管理)。

2. 制定和实施教师和学校管理人员的培训和进修计划。

3. 提供教科书和教学用具。

4. 为改建、扩建学校和添置学校设备提供资助。

5. 促进学校的发展,特别是在形成和确定学校发展计划和教学计划的过程中提供帮助。

(四)教育和教学改革援助计划

由于意识到巴西教育面临的危机,巴西的地方教育行政机构和学校纷纷采取了改革教育和教学措施,来克服教育条件的不足,改进学校的管理以及在数量和质量上满足教育的需求。

为了促进和支持这些改革,巴西教育部制定了"教育和教学改革援助计划"。该计划包括以下几个方面：

1. 在管理和教学方面帮助确定改革的措施。

2. 分析和评价典型案例。

3. 向公立学校和私立学校传播信息,调动各学校参与改革的积极性。

(五)远距离教育计划

在国际关系全球化以及知识和经济国际化的结构中,社会目前和未来的需求要求能迅速传播科学知识。知识的普及要求运用电视教育和广播技术,这样可以源源不断地为社会培养大量人才。

教育能够而且应该充分利用技术资源,这样既能发挥技术的作用,又能促进教育的发展,尤其是在巴西具有如此宽广的地域以及如此众多的要求受教育的人口。因此,远距离教育已被认为是一种最适当的发展策略,能够消除时间和空间的限制来重建巴西的教育基础,以达到较发达国家的教育水准。

巴西的远距离教育发展至今,已走出了试验阶段,开始提供有效服务,培养高质量且花费少的人力资源,并提供更多的课堂容量。

为了通过使用广播电视等远距离教育技术来加速教学实践的现代化以及人员培训学历化,巴西教育部制定了"远距离教育计划"。该计划主要是培训全国的教师以及支持改进教学过程中的方法,包括教室里的活动。

(六)提高教师职业价值计划

在上两个年代,初等教育合格教师的比例随着教育制度的扩大而增长。据 1987 年的资料,小学中教学岗位的 13% 被没有取得完全中学毕业资格的教师占据。而在 1977 年,这个比例高达 20%。几乎所有这些不合格教师(84%)都是在农村地区,而其中有一半是在东北地区。虽然东北地区与其他地区相比还有差距,但是没有取得中学毕业资格的教师的比例也在大幅度下降,1977 年的比例为 42%,1987 年下降到 26%。

尽管合格教师的比例有较大增长,但是影响教师质量的教师培训课程仍存在较大的问题。其中主要的是,实施的培训和进修计划对教学专业人员的实践没有什么有效影响。例如,培训计划的目标与内容和提高教育质量与效益之间缺乏联系;培训活动和专业组织之间缺乏协调;培训活动计划和培训的指导思想不一致,如有的强调教学内容的培训,有的强调教学实践的培训。

考虑到在提高教育质量上教师所起的作用,巴西教育部制定了"提高教师职业价值计划"。该计划在1993—1994年度中,将改进基础教育、扩大继续教育和改善职业计划、提高基础教育教师的工资结合起来。

在中专程度的教师培训方面,采取的行动有:

1. 通过提供管理方面和教学方面的支持,来加强重点学校。

2. 开展"读一本书"活动,这是法国政府与巴西合作计划的一部分。"读一本书"活动目的是鼓励教师和学生养成日常阅读、写作和谈话的习惯。巴西共有9个州开展了该活动,涉及到10所学校10 800位教师和18 000名学生。

3. 实施小学教师培训计划,该计划主要是丰富教师的专业知识,培训教师能用较适当的方法来教小学一年级的学生。

在法国政府的资助下,巴西教育部在米纳斯吉拉斯州和北里约格朗德州还建立了高校教师培训机构,并开展师资培训问题的讨论和研究。

(七)学前教育计划

学前教育是基础教育的第一步。巴西教育部制定和实施了全国学前教育计划,并在基础教育司的合作下,建立了"全国学前教育委员会。"

已公布的学前儿童教育计划提出了学前儿童教育的政策,强调了儿童的重要性以及在生活的最初几年里儿童的教育权利的意义。

学前儿童教育的政策是建立在以下的原则基础上的:

1. 学前教育是基础教育的第一步。对象是0至6岁的儿童,不属义务教育阶段,但政府履行其职责。

2. 学前教育机构分托儿所和幼儿园。托儿所招收0至3岁的儿童,幼儿园招收4至6岁的儿童。确保学前教育机构的所有事务均为教育目的服务。

3. 除了家庭指导外,提供的幼儿教育应促进儿童的身体、情感、认知和社交方面的发展;增进儿童的体验并扩大他们的知识;培养儿童对社会生活的变化和自然发展过程的兴趣;按照友谊、自由、合作、尊重的价值观,促进儿童对社会生产关系的认识。

4. 学前教育机构应以儿童是公民为基点,用教育目标来指导其工作。

5. 对 0 至 6 岁儿童发展的特殊方面,要求学前教育具有两种补充功能:照管和教育。

6. 托儿所和幼儿园的教育应与许多有关单位联系,在儿童健康和社会援助等方面得到支持。

7. 学前教育课程在指导思想和管理上,应考虑到儿童的发展水平和儿童在文化及社会上的差异。

8. 具有特殊需求的儿童应尽可能在正规的学前教育机构中得到帮助。

9. 学前教育的教师应具有学前教育专业中等或高等学历。

10. 学前教育教师的职前和职后教育应遵循学前教育计划制定的方针。

11. 提高学前教育教师的地位,改善工作条件,增加工资和安排进修、提高学历。

尽管巴西的幼儿教育在数量上有了极大的增长,但是从儿童进入托儿所和幼儿园的比例以及质量上来看,仍低于所期望的标准,尤其是对 4 岁以下的孩子来说。因此,学前教育计划提出了下述目标:

1. 扩大学前教育招收名额。

2. 在各级政府部门中强调学前教育的重要性。

3. 提高学前教育的质量。

为达到这些目标,巴西教育部制定了以下一些绝对优先的步骤,并将其作为一种迫切需求,在涉及学前教育的各部门中寻求相互支持、协调和合作:

1. 与各级政府一起,确定和实施扩展、改善学前教育的策略和目的。

2．注重资源使用的效益性和公平性，要求明确各单位的作用和责任，并在单位间能做到协调和合作，以避免重复和浪费。

3．要求建立、实施和评估学前教育教学和课程体系，尤其是要考虑托儿所的教育作用。

4．促进学前教育专业人员的培训，加强职前和职后的培训，建立职业计划，改善教师的工作条件和工资待遇。

5．协调各学科、各部门对儿童的援助，确保儿童的全面发展，加强儿童受教育的机会以及参加文化活动、体育运动的机会，并能适当提高儿童的健康和营养条件。

6．建立学前教育的参考资料体系，通过相应机构来收集整理资料，并发布信息让社区来监督各级政府实施的公共政策。

7．鼓励开展学前教育的改革试验并发表和出版改革的成果。

（八）青年和成人教育计划

由于巴西教育发展过程中忽视初等教育所产生的后果，造成大量的青年和成人在其适龄期没有机会接受或读完初等教育。巴西差不多有三分之一15至17岁的青年没有受过什么教育或只受过很低的教育（不到4年）。没有读完8年小学的这一年龄段的青年达50％，其中有一半人很可能不会再获得小学毕业文凭。

在以后的年龄段（18至24岁）中，情况更糟。在城市地区，这一年龄段约20％的人没受过教育或只受过不到4年的教育；有45％的人没有读完小学。总的来看，这一年龄段有53％的人仍在学校学习（城市地区达62％），而40％的人已离开学校。尽管巴西存在很多灵活的方式有利于人们能够上学，但是很少有人达到所期望的相应的教育程度。

巴西青年和成人的教育问题已成为巴西社会发展中的一个关注焦点，并已从人具有受教育的权利的法律观念上来责成各级政府承担责任。巴西的宪法规定，国家有责任为青年和成人提供教育以保证"所有的人接受免费的义务的初等教育,包括那些在适龄期没有机会上学的人"。

为了解决青年和成人的教育问题,巴西政府作出了承诺,并动员了社会各部门以及通过法律,来保证所需的资金。同样,在巴西各州的宪法和市的法律中,也规定了各州和市在各自的教育体系中开展青年和成人教育的责任。

在听取了教师、工会代表、商人、社区组织等各方面的意见后,巴西教育部制定了青年和成人教育的政策和计划。该政策包括以下几条方针:

1. 确保在以前适龄期没机会入学的青年和成人接受基础教育的机会。

2. 保证进入公共教育制度并提供普通教育和职业技术教育。

3. 保证教育经费中用于青年和成人的基础教育的预算分配额度。

4. 使教育为劳动市场服务。

5. 培养合格的成人教育教师。

6. 实施民主管理。

按照青年和成人教育的政策和方针,巴西教育部制定的计划,包括了下述要点:

1. 进一步满足青年和成人教育的需求,包括开设专门的课程和运用特殊的方法。

2. 促进市民对适应劳动市场的基础教育的关注。

3. 为那些没有完成小学四年级的人和完成四年级学业的人开设继续教育课程。

4. 考虑到人们的工作和生活条件,要扩大远距离教育的范围,运用电视、广播以及灵活的方式,为青年和成人提供高质量的教育。

5. 通过公共机构建立和加强"青年和成人教育中心"。

6. 经常地、全面地评估教学方法。

7. 鼓励大学和研究中心来促进对青年和成人教育的研究，以有利于青年和成人教育的发展。

（九）印第安人教育计划

在巴西社会民主化的进程中，巴西的民主思想已包括承认少数民族的特殊性，并承认各文化团体有权利保持其习惯和传统。

在教育方面，巴西教育部提出了印第安人的正规教育应是不同的、特殊的、具有交叉文化和双语教学特点的这样的指导思想，目的在于根据各民族的不同特点，满足各少数民族团体的需求。

1991 年 2 月，巴西教育部承担了印第安人正规教育的责任。在基础教育司和印第安人教育委员会的协调下以及在印第安少数民族代表的积极参与下，巴西教育部制定了全国印第安人教育政策和计划。

印第安人教育政策和计划遵循的原则是：

1. 建立专门的印第安人学校。

2. 混合不同文化。

3. 提高掌握母语和双语的能力。

4. 制定一种完整的教学过程。

印第安人教育计划的主要内容有：

1. 印第安人的教育目的是使印第安人的社会、经济、文化自主，形成具有印第安人特色的教育。

2. 印第安人学校应尽量满足各团体的需求和愿望，尊重少数民族和不同文化的特点。

3. 在传播普及科学知识以促进理解非印第安人社会的过程中，应加强民族尊严及其文化价值观。

4. 制定课程计划应包括正规的教育内容，同时，适当考虑各民族、文化、语言的特点。

（十）学校学生资助计划

在确定学生资助政策和活动方面,由学生资助基金会负责为巴西教育部提供咨询服务。通过学生资助基金会,巴西教育部为全国的公立学校的学生(主要是学前和小学学生)提供资助。资助范围主要包括师生的教学活动、学校午餐、学生健康等方面,目的是要确保巴西所有的学生在学习、身心方面得到正常的发展。

巴西实施的学生资助计划包括:

1. 全国学校营养计划。

2. 全国学校教科书计划。

3. 全国学校教具计划。

4. 全国阅览室计划。

5. 全国学校健康计划。

6. 全国学校交通计划。

1. 全国学校营养计划(PNAE)

全国学校营养计划的基本目的是给公共教育机构中的学前教育和初等教育的学生提供营养资助,以改善学生的营养,从而增强学生学习的能力。

该计划已在 20 万所学校中实施,涉及到 3 千多万学生,在 180 个学日中,每日提供一顿午餐,至少供应了学生所需营养的 15%。

州教育厅和市教育局都参与了该计划的实施。州教育厅和市教育局分别负责指定所需食物的种类,以保证与各地的饮食习惯相适。食物的质量由各州与基金会签有合同的实验室来担保。

联合国世界食品计划也与巴西的学校营养计划进行合作,为巴西学生提供食品。

2. 全国学校教科书计划(PNLD)

全国学校教科书计划的目的是给公立小学的学生分发教科书。该计划主要由学生资助基金会和州教育厅、市教育局来实施。

该计划的主要方针是：

(1)全面援助公立学校一至八年级的学生；

(2)教师选择和确定分发给各校的课本；

(3)选用使用过的课本，平均课本使用期为3年。

1993年，巴西给2 800万的学生发送了约8 400万册的课本，课本所用的资金约达11 600百万美元。

3. 全国学校教具计划（PNME）

全国学校教具计划的目的是为公立小学师生开展教学活动提供所需的基本教学用具。

提供教具是按各年级需要为基础的，包括铅笔、钢笔、黑板擦、笔记本、尺和其他用具。

1993年，该计划给2 800万学生每人发了一套学习用品。

除了提供教具外，基金会也与出版社合作出版一些参考用书，包括词典、地图册、百科全书等以低价出售。

4. 全国阅览室计划（PNSL）

全国阅览室计划的目的是鼓励更多的人进行阅读，培养学生阅读习惯和开展研究活动。该计划主要为公立小学提供各种书籍、参考资料和报纸。

5. 全国学校健康计划（PNSE）

全国学校健康计划的目的是促进公立小学学生的健康。该计划通过学校教育、预防和治疗等措施来实施。

该计划的基本方针是通过地方政府来提供服务，聘用中级专业人员（在高级专业人员的监督下）负责进行健康领域的工作。

6. 全国学校交通计划（PNTE）

全国学校交通计划的目的是帮助地方政府为农村地区的学生提供交通工具，以保证学生更高的出勤率并完成初等教育。

1993年,巴西在全国实施了全国学校交通计划。

第三节　巴西全民教育十年计划(1993—2003)

(一)制定巴西全民教育十年计划的背景

1990年3月,由联合国教科文组织(UNESCO)、联合国儿童基金会(UNICEF)、联合国发展计划(UNDP)和世界银行(WB)在泰国的宗迪恩组织召开了"世界全民教育大会"。这次大会产生的一致看法,在《世界全民教育宣言》中进行了综合,提出了全民教育的最终目标是要满足全体儿童、青年和成人的基本学习需求。

作为世界上人口最多的国家之一,巴西以积极的姿态参加了这次大会,并在会议的决议上签了字,从而承担了保证巴西全体人民享有受教育的权利,同时也参与了世界性的努力来普及基础教育。

全民教育的目标和巴西政府的承诺,形成了制定巴西全民教育十年计划的基础。更为重要的是,20世纪90年代以来,巴西社会的重要部门已明确认识到在公民的教育方面、在新价值形成方面以及在国家的发展过程中基础教育的重要性。同时,巴西在全国实施的许多教育革新措施的目的大多也是为了普及基础教育。一个很好的例子是政府部门、专业协会、联合会、政党、教会和社会其他组织部门能够集中力量来保证全国儿童的正当权利,特别是在教育、卫生、与暴力作斗争等方面。这些努力已在《儿童协定》和1993年4月巴西全国儿童和青少年权利委员会的基金会的活动中实施了。

尽管联邦教育部和州、市在基础教育方面已作出各种努力,但是在制定和实施全民教育十年计划中巴西较强调三级政府的统一行动,这也成为巴西全民教育的一项基本策略。此外,巴西经济与文化的不同性以及巴西联邦主义的原则和参与性也是巴西全民教育十年计划必须考虑的重要方面。

为了使巴西在宗迪恩的承诺变为现实,巴西政府采取的第一个步骤是建立制定计划的执行小组。执行小组在教育部的领导和协调下,由教育部、全国州教育厅委员会和全国市教育局联合会的代表组成。随后,为制定计划的顾问委员会也成立了。最初顾问委员会是由以下这些单位组成的:全国州教育厅委员会、全国市教育局联合会、联邦教委、巴西大学校长委员会、全国工业联盟、巴西基础教育运动、基督教大会、全国教育工作者联盟等等。此后,顾问委员会进一步扩大,包括了州教育委员会论坛、巴西全国妇女联盟、司法部等等。

各单位的参与,在巴西全国引起了影响巨大的一系列争论。这些争论主要围绕关于国家的主要教育问题以及为了处理这些问题所采取的不同策略。这些争论的成果之一是在巴西举行了"全国全民教育周"(1993 年 5 月 10 日—14 日),在"全国全民教育周"结束时,巴西的三级政府(联邦、州、市)的代表签署了建立"全国全民教育委员会"的协定,该委员会主要是确定未来儿童教育政策和方针。

在顾问委员会的指导下,巴西全民教育十年计划的第一稿在 1993 年 6 月(全民教育周后不久)完成了,并形成了政府的一个提议,供巴西全社会讨论。

从 1993 年 7 月至 11 月,巴西开展了对该计划的全国性的讨论。在州和市一级,召开了多次研讨会讨论该十年计划,并为各州和市制订相应的计划作好准备。教育部也将该计划草案发送至各社会团体,并在 11 月召开了一次非政府团体的会议,出席会议的有 20 多个团体的代表。会议的目的是要听取巴西社会各界(工人、商人、学者、家长、军队、专业协会等)的意见和建议。

这个会议后,巴西又召开了由 120 个中等城市代表出席的研讨会,主要是听取来自不同社会、经济、地理的地区代表的各种意见。

此外,在各教育专业会议上也对计划草案进行了认真的议论,如全国教育工作者联盟的年会、教育学院院长研讨会、成人教育研讨会、教育部顾问交流会议以及许多大学召开的研讨会。

在召开了多次会议、听取了各方意见后,执行小组认为,计划的核心部分已得到了各方的认可,同时,也应将讨论中出现的许多新思想和建议吸收进计划中以使计划更为完善。这样,执行小组就提出了制定全民教育十年计划的若干注意要点。

第一,全民教育十年计划不应与全国教育计划相混淆。全国教育计划包括了所有不同的教育类型,是一种传统的计划。而全民教育十年计划限于全民的基础教育,是当前教育发展的最大优先领域,是对宪法要求在下个年代"消除文盲、普及基础教育"的一种回答。

第二,全民教育十年计划应寻求各级教育行政部门行动的一致性,集中人力和财力以避免为取得某个结果而采取不协调或孤立的行动。

第三,在持续的现代化过程中和重建全国基础教育体系的讨论中,全民教育十年计划是一种方针政策,是州和市制订计划和具体实施过程的参照和基础。十年计划的总目标将由州、市、学校再进一步具体化,因此,计划也应继续吸收新的意见,尤其是学校领导和教师方面的。

第四,全民教育十年计划的成功,在国内取决于联邦、州、市政府对家庭和现代社会机构的承诺;在外部,将取决于国际团体对负债国经济和社会问题给予的不同对待,尤其是在宗迪恩宣言上签字的 9 个人口大国。因此,作出的国际承诺,使巴西成为国际社团的一员;而作出的国内承诺,就要提供全体公民高质量的基础教育,不存在任何形式的歧视,体现出平等和较高的道德准则。

巴西前教育部长莫里利奥·德·阿维耶·印海尔指出,"巴西全民教育十年计划是在全国各部门的动员、参与的基础上产生的。正是由于这个原因,计划得到了全国的支持并能够对国家的愿望和国际作出承诺,这是对教育质量、教育平等和效益所引起的巨大挑战作出的一种恰当的反应。同时,计划也表明要努力建立一系列教育方针政策,能反映全国不同地区、州、市、学校有效实施所需的多元化思想和政策建议。"[1]

1993年12月,巴西教育部公布了"全国全民教育十年计划(1993—2003年)"。该计划主要有五个部分组成:

1. 巴西初等教育的现状与前景。
2. 巴西初等教育面临的障碍。
3. 巴西普及初等教育与扫盲的策略。
4. 巴西实施全民教育的措施与方法。
5. 巴西政府对全民教育的承诺。

这5个部分较全面地概述了巴西初等教育的现状与问题;明确提出了巴西基础教育发展的总目标和全民教育十年计划的总目标;制定了实施全民教育十年计划的具体措施和方法。

(二)巴西实施全民教育十年计划的措施与方法

1. 加强联合与合作

"十年计划"的实施,首要的措施是要加强教育部、全国州教育厅长委员会、全国市教育局长联合会、巴西大学校长委员会和州教育委员会主任论坛之间的联合。

在这些机构工作和培训的过程中以及在全国全民教育周期间作出的承诺中总结出的经验,应贯穿到连续的活动过程中并使之制度化。由于巴西是联邦制共和国,各级政府之间的合作是有效实施和评价计划的必不可少的条件。这种立场被联邦政府和州政府具有的共同责任以及确定了州和市应以一致的工作方式来提供社会服务的这一宪法原则进一步加强。

这个政策要求政府各部门明确规定各个社会代表单位以及政府或

---

[1] Federative Republic of Brazil,Ministry of Education and Sports,Education in Brazil:Situation and Prospects,Brazil,1993,P.7—11.

非政府机构的作用。这一规定,将产生较大的明确性,并会产生巨大的潜在机会,而不管是否制度化。

在州的方面,这些联合与合作,在维持和发展教育制度中,会更有效地承担州和市的职责和责任。在这一过程中,应强调市教育委员会的作用是作为州教育委员会紧密合作的重要成分。

通过教育制度的统合和社会参与学校管理,州和市之间的合作将会促进分权化过程和有助于加强"十年计划"的持续性和有效性。

重要的是要认识到,应采取立法和管理上的措施,这将会有助于改革,如在课程结构、教师培训、工资、职业、专业化政策等方面。同时,还需要具有灵活性,因为新课程试验、教育评价过程和其他教学改革的原因,有可能要求修改法律来控制教育制度。反过来,这也要求加强与州教育委员会的合作以及与国家、州、市教育立法委员会的合作。

2. 财政的效率和平等

"十年计划"的实施,主要是通过法律规定给初等教育的资金、外国的资金和合作单位提供的资金来进行的。要达到预定的目标,要求在教育财政制度方面遵循两个不同的方向重新调整和加强并具有灵活性。

第一个方向的目的是至少要恢复到20世纪80年代末的公共开支水平(相当于占国内生产总值的4.3%),然后在20世纪末达到5.5%。这就要求社会和机构的控制要严格,这样才能保证各级政府有效地按宪法规定投资于教育。

除此外,还要努力吸引外国资金来扩大投资,不然的话,计划就会延缓。在社会平等方面,也需要增加私人方面对教育的资金投入。这可以通过企业、社会、非政府组织给学校以及给高质量的教育改革计划进行资助,尤其是为低收入人口开设的课程进行资助。

第二个方向的目的是要使公共资金的管理和分配过程更有效和更平等,杜绝浪费和提高效益。这主要应通过州和市的责任来加强投资管理和维持计划的实施。这就要求通过协议和其他手段,明确规定参与各方的职责,在事先理解的基础上,开展合作行动。

为了保证财政政策的效益和平等,应建立专门的监督机制。这样,社会部门的代表就能有效地执行单位分配资金的责任。

在资金的处理上,教育部应该作出行动来促进这种合作,并将这种合作作为一种手段,在教育制度中、地区间以及城市和农村间最大限度地减少不平等的状况。

为进行较大的调整,应采取以下一些具体的措施:

(1)重新确定目前的政府间资金转让的控制标准,切实考虑财政、机构和管理能力上的差异。

(2)对已实施的计划和项目,应进一步明确在政策上的优先,或者由于目前财政危机和经济恢复的原因,在计划阶段和过渡阶段能够有效实施。

(3)运用立法和机构的机制来有效地、灵活地确保所承担的资金(在政府之间以及政府与非政府之间的资金),并在资金的分配上确保其平等性。

(4)运用非经常性资金和机制来实施财政改革计划,目的是要提高教育质量和保证社会的机会均等,尤其是在大量穷人集居的地区。

(5)要建立机制来有效控制法律规定的资金的使用,以确保适当的资金能在各部门有效使用。

(6)重新关注和考虑许多国家已提出的建议,即留出债务国的部分外债利息支付,作为资助初等教育计划资金。

(7)改进和提高教育制度的管理能力。

3. 发展国际合作与交流

国际合作对形成和实施全民教育政策是一种重要的途径。国际上已积累的知识与技术,对巴西教育扩大视界、改革教育过程和学校管理来说都是极为重要的。正是由于这种信息和知识,要求国家来完成普及高质量的基础教育的任务。

然而,国际合作计划必须同时关注满足巴西人的基本学习需求,关注切实尊重巴西的历史和文化。

因此,国际合作协议的目的是要通过知识和信息的相互交流,转让与采用方法和技术。在培训领域和先进的人力资源科技领域中的特殊项目,将会以这种方式来设计,这有助于吸收和使用这种转让。同时,州、市教育行政管理人员参与这些计划的机会也会扩大。

与别的国家进行管理经验的相互交流,对教育制度的分权化过程和学校管理民主化,也是相当重要的。

4. 加强巴西政府的工作

尽管面临的问题具有其复杂性和多面性,同时也碰会到社会、经济、政治方面的困难,但是重大的改革活动已经开展了。包括在实施"十年计划"中的一个措施就是要加强目前的这些活动和计划,同时使之符合该文件采纳的策略和方针。在这些活动中值得提及的是以下几个方面:

(1)全国全面援助儿童和青少年计划(PRONAICA)

该计划是要达到全面援助儿童和青少年这一目标的一种重要途径。该计划包括许多项目,如保护和增强健康、日托中心、学前学校和初等教育、体育运动、文化传播、工作培训、营养和电视教育等。

这些小项目有的是在专门的机构中实施的(如在全面援助儿童和青少年中心),有的是通过与现有的社会设施合作进行的。

该计划的策略包括:进行社区动员;通过联邦、州、市政府以及非政府社区组织实施行政管理;由大学和其他人力资源培训部门参与;国家和州进行控制和评价等。

(2)东北地区教育计划

该计划得到世界银行 41 860 万美元的资助以及巴西联邦政府和东北地区各州 31 790 万美元的资助。该计划的目的是要提高初等教育的质量,重点是在小学一至四年级;同时,减少留级率和提高学生的学习水平;达到更有效的教育管理;提供教材和修复学校的基本设施。

该计划试图在全国范围加强教育部的管理能力,建立全国基础教育评估体系和重建教科书编写体系及学校午餐分发体系。

该计划的目标是要有益于东北地区的6百万小学生;培训62.5万名教师;分发10亿本教科书;修缮和建立11.9万个教室。为了达到这些目标,就要在9个州教育厅实施新的管理准则以及在该地区实施200个左右的教育和教学改革计划。

(3)全国基础教育评估体系(SAEB)

全国基础教育评估体系是在初等教育司(SEF)、全国教育调查研究所(INEP)、部门计划协调部(CPS)和大学教师进修协调部(CAPES)等机构的协调下开展工作的。其主要目标是评估学生学习水平和初等学校的工作,同时也提供评估和检查教育计划和教学计划的质量信息。

其他的一些目标还包括研究和建立学校评估方法和工具;在大学和研究机构中建立地区评估研究中心;培训评估领域中的人员;进行应用研究等,这些都会有助于制定提高教育质量的公共政策。

联合国发展计划(UNDP)、联合国教科文组织(UNESCO)和法国政府都为该计划提供了技术方面的合作。同时,"东北地区教育计划"也提供了5百万美元来资助部分的活动。因此,这就有可能来评价教育制度中各种类型的基础教育工作。

(4)教师、领导和专业人员的培训计划

该计划的目的是要全面提高教师和专业人员的专业技术资格水准以及改进教育制度和学校的管理方法。该计划包括这样两个基本方面:①重建职前专业培训;②对初等教育教师的继续培训进行检查、发展和系统化。

这些活动也包括由教育制度提出的、由教育部资助和实施的一些项目。巴西大学和其他培训机构也受到鼓励要参与这些项目。

在这些活动中,应强调"面向未来"的计划。该计划是为小学最初的四年级教师设计的,是由罗盖选·宾托基金会制作的,通过卫星在电视中播放并具有电话和传真设备,这会有助于直接回答教师提出的问题。在教师培训中,教育部也开展了国际教育合作项目。

(5)教育和教学改革援助计划

对教育危机恶化的认识,在地方和学校中产生了一个广泛的运动。该运动的目的是要克服条件限制、改进学校的管理和工作、提高教学质量和获得均等的机会。为了鼓励这种热情并提供资金,教育部制定了"教育和教学改革援助计划",该计划在联邦一级是由初等教育司和全国教育调查研究所进行协调的;在州和市一级是由教育厅、教育局、非政府组织和专业调查研究中心进行协调的。

该计划包括对学校管理和教学过程的改革活动进行大规模的全国性调查,也包括研究和评价最相关的案例以及负责向公众和负责革新的组织提供信息。该计划得到了联邦的巨大资助,使之可能开展活动,从而有助于提高教学质量和普及初等教育。

(6)阅读和书写能力的发展

根据通常的看法,掌握阅读和书写是小学生学习成功的基础,因而也是全面实施公民教育的基本要求。在州和市的合作下,教育部开展了活动,目的是制定进一步的专门计划。同时,还与属于全国扫盲基金会领导的"全国促进阅读政策"(PROLER)合作开展工作。

在这方面,除了"学生援助基金会"的系统计划外,还有其他组织的计划,如"全国教科书、阅览室、教师图书馆计划"。此外,初等教育司与法国政府的合作计划"小学教师阅读培训计划",该计划寻求在理论知识和实践经验之间建立联系,以此来加强教师培训计划的质量。

为了更好地开展日常阅读、书写和拼写的实践,计划还组织了大学、中学、小学及学前学校的教师共同开展研讨会。

(7)加强改善幼儿教育

考虑到幼儿教育是教育过程的第一步以及是初等教育重要的一部分,教育部与教育系统和其他团体共同制定了计划,以满足0—6岁儿童的需求。该计划的目的是确定和实施有助于改善幼儿教育质量的策略。

该领域的优先活动,主要是开发幼儿课程和教学法以及培训职前和职后幼儿教师。其中特别要加强的是日托中心(四岁前的托儿所)的教育功能,因为这些机构通常的特点只是照看儿童,从教育的观点来看,还有很大的欠缺。

教育部在幼儿教育领域中将与其他执行机构合作,努力加强儿童的身体、技能、情感、智力和社会等方面的发展;扩大幼儿的经验和知识面;有助于儿童产生和形成诸如团结、自由、合作、尊重等价值。

(8)建立全国远距离教育体系

全国远距离教育体系正在建立之中。远距离教育的目的是加强教师培训,检查和评价远距离教育的计划和活动以及发展多媒体项目和课堂计划。远距离教育活动将涉及的范围包括小学和学前教育、特别教育、中等教育和技术教育,同时也包括支持"东北地区教育计划"。

在远距离教育体系中,许多大学也参与了进来,帮助培训各级教育的教师,同时研究在教育领域中开发使用电视传播信息的新技术。此外,还与全国和国际组织建立相互交流和技术合作项目。

在罗盖迭·宾托基金会的资助下,将进一步扩大和改进由教育电台和教育电视台组成的全国教育广播系统(SINRED)中教育节目的生产、编辑和传播。远距离教育体系将与电子信息网络相连,该网络也与全国研究网络以及与文化发展领域中的另一电子信息网络相连。进入该网络系统,就可以在各个城市使用,既可以通过简便的公用电话,也可通过先进的计算机系统。这是教育领域中人力资源发展上的重要的发展项目,因为这对扫盲、普及教育、提高巴西人的教育水准具有重大意义。

(9)大学与初等教育的合作计划

该计划的目的是要使大学承担贯彻提高州和市初等教育质量的政策的任务。

该计划的实施主要通过大学优秀教师与地方教育行政部门合作,采用各种手段来培训教师。同时，也鼓励开展实验和研究来改进教学过程和修改教科书。

总之，大学与教育体制的合作应使更多的小学生能掌握基本内容（尤其是在小学的低年级）；有助于解决诸如高留级率和高退学率这样的问题；有助于发展青少年和成人的初等教育。

高教司与初教司的合作项目均由全国教育发展基金会（FNDE）提供资金。

（10）学生资助计划分权制

通过"学生资助基金会"，巴西教育部对学生援助项目已下放了权力，尤其是学生午餐和教科书项目。这是教育部与州、市合作努力普及教育活动中的一部分。

在三级政府之间的合作过程中，各级政府都承担各自的责任和费用。这种合作在教育机会提供方面已取得了很大成效，同时也避免了浪费和重复劳动的现象。

（11）财政制度的效益、公平和灵活性

"教育工资"是教育财政最重要的一种手段，它给州和市的预算提供了20亿美元的资金。联邦额度（流入的三分之一）进行了重新分配，以减少地区财政能力的不平衡。

在全国教育发展基金会的合作下，教育制度的财政管理采取了一系列的措施来抵消财政危机的影响。

为了进行改革、分权管理和增加教育制度的效率，重要的是资金的分配应根据社会和地区的差异来进行。这样，就有可能避免将资金集中在国内较富裕的地区。同时，根据市的额度来建立资金分配的机制，也就加强了地方社区在教育管理中的作用。

在履行公平化和纠正地区、州、市之间的教育差异的过程中，教育部制定了并正在实施基础教育领域中的资助项目体系，该体系采纳了新的标准和方法，以达到教育资金分配的公平性。

教育部和州教育厅之间签订合作协议,目的是要确保基本的教育条件和标准以及减低留级率和退学率。这个协议可以使较贫困的州和市能得到更多的资金,以此来消除现存的不平等性。

(三)巴西政府对全民教育的承诺

在经过了严重的社会和经济危机时期后,巴西的现实需求是要更努力地加强民主与公民的权利和义务。巴西的教育制度质量低下,效益不佳,不能满足民主社会及其市民的需求。

尽管80年代巴西初等教育入学数量有了发展,但是根据1988年宪法所强调的"所有市民都有受教育的权利"的精神,巴西在目前和将来都仍然面临着挑战。

因此,必须通过公共权力机构和社会各部门的行动来有效地重申国家所作出的承诺。巴西不能再容忍这种状况继续下去:每100个进入一年级的学生,仅有45人没有留级,完成了八年制的完全小学的学业;18.3%的15岁以上的人仍然是文盲。

达到新的高质量的教育标准,可以使巴西取得新的发展水平,这就要求进行全社会的动员。在这方面,1993年5月10日至14日在巴西利亚举行的"全国全民教育周"的参与者,决定提出以下的承诺来指导"全国全民教育十年计划",并以此来满足巴西民主和公民的愿望。

1. 为了克服管理上的短期行为和缺乏连续性,以及在与其他部门的合作过程中使教育成为社会所需政治上优先考虑的领域,必须使中、长期公共教育政策制度化。

2. 确保下一个10年所需的、宪法规定的资金以及其他资金的恰当投入和产生效益,这是为了保证各级教育体系至少80%以上的学生能读完小学。

3. 提高初等教育质量,承认学校是教育活动的主要场所,并向学校提供物质、教学、组织、财政等方面的基本设施,这些设施可以为学区提供满足儿童和青少年基本的学习需求所需的条件。

4. 授予教育制度中的学校单位更大的组织与教学上的自主权,鼓励学校进行改革并与地方实际相联系。

5. 通过继续培训计划、职业计划、工资和其他促进改善教学活动和学校管理的措施。提高教师职业的社会和专业地位。

6. 在合作的基础上,明确各级权力机构的职责和责任,使有组织的社会团体和家庭能参与教育政策的制定和学校的管理。

7. 与负责检查"全民教育十年计划"的技术顾问小组一起,建立一个常设的动员机构。使更广泛的社会部门参与促进、评价、努力宣传普及教育以及提高初等教育的质量。

第四节　21世纪巴西的教育发展

(一)加大教育投入调整教育结构

作为九个人口大国之一的巴西,同样面临人口多、底子薄的问题。巴西教育的发展凸显了政府的决心与意愿,公共教育经费占 GDP 的比例达到 5.3%,在发展学前教育、提高基础教育质量、提供平等入学机会等方面给予资金和政策扶持,受到了国际社会的肯定。

1. 加大教育投入调整教育结构

近年来,巴西政府采取多项措施促进各级各类教育及不同地区教育的均衡发展,以提高国民整体受教育水平,努力实现联合国教科文组织倡导的全民教育目标。作为"金砖国家"之一的新兴发展中国家,巴西近期的教育政策令人关注。

2012 年,时任巴西总统迪尔玛·罗塞夫表示,为扩展公共教育网络,巴西政府在今年将会为"更多教育计划"投资 14 亿雷亚尔(约合人民币

49 亿元）.以兴建 15 000 所公立学校。

2. 立法保证教育投入

巴西的教育制度包括：二至三年的学前教育，八年初等义务教育，三至四年中等教育，四至六年高等教育以及研究生教育。长期以来，一些结构性的不均衡限制着巴西的教育发展。最突出的问题是教育投资增长缓慢且结构不合理·偏重高等教育而基础教育经费薄弱，从而导致基础教育质量不高，复读率和辍学率高一直是困扰巴西初等教育的严重问题。巴西学生平均要用 11.2 年的时间来完成本应八年完成的义务教育。

巴西的公立学校与私立学校差距较大。巴西的公立学校从小学到大学均提供免费教育。私立学校收取学费，但教育质量普遍高于公立学校。富裕家庭的子女往往进入私立中小学就读，而低收入家庭的子女通常进入免费的公立中小学。然而，高等教育阶段的情况则正好相反，公立大学的教育质量和条件都好于私立大学。虽然公立大学提供免费教育，但由于有入学考试的选拔，生源大多是中小学阶段就读于私立学校的富裕家庭子女，而从公立学校毕业的贫困家庭子女因缺乏竞争力而很难进入公立大学。国家投入大量公共资金的公立高等教育资源就这样较多地被富家子女占有，导致了公共教育资源分配的不公平现象。

近些年来，巴西政府采取了一系列推动教育发展和教育均衡的重要举措。特别是针对教育投入增长缓慢，巴西已将教育投入写入宪法，明确规定联邦政府将其预算的 18% 用于教育支出，州和市政府应拿出不低于 20% 和 25% 的财政收入用于发展教育，同时联邦教育经费的 30%、州和市教育经费的 60% 应用于初等义务教育。巴西公共教育经费占 GDP 比例达到 5.3%，居发展中国家的前列。

3. 多项政策促进教育均衡

为了促进平等，弥合不同地区和不同阶层在教育上的差距，20 世纪 90 年代巴西曾制定"全民教育十年计划"，特别关注学前教育，以期保护宪法所赋予儿童的权利。2001 年，巴西通过了"国家教育计划"，提出本世纪前 10 年要达到的目标:提高全体人口的教育水平．改善各级教育的质量,减少社会及地区间的不平等现象,使公立教育的管理更加民主化,建立起明确的教育秩序,保障所有 7—14 岁儿童都能接受八年义务教育,保障所有未能在适当年龄入学或未能完成义务教育的人都能接受初等教育,扩大各级教育的范围,包括早期学前教育、中等教育及高等教育,承认教师的价值,发展各级各类教育的信息和评价体系,使之成为加强管理和改善教学的工具。

2007 年,时任巴西总统卢拉签署了新的"国家教育发展计划",试图回应巴西教育面临的挑战,减少教育领域存在的不平等现象。在基础教育方面,该计划一方面确定了教师最低工资及教师培训计划。同时,在教育财政上进行改革,基础教育经费拨款系数不仅按照学校的阶段和形式,还要根据学时的扩展进行计算,全日制学校每名注册学生经费将比其他学校高出 25％,与政府部门相联系的幼儿教育中心也将被纳入拨款范围,加大政府对学前教育的支持。

巴西政府还成立了"基础教育发展及教学促进基金会",专门负责基础教育的政府资金的分配与使用,协助州和市政府按照各自地区的学生数量来重新分配基金拨款。作为减少地区之间以及地区内部不平等现象的机制,该基金会将保证每个学生得到最低限度的经费拨款,以提升公共基金分配的公平性,从而促进基础教育的发展。基金会至少拿出 60％的经费用于教师的薪酬,并激励更多针对教师培训的投资。该基金会根据实际注册的学生数量来决定联邦拨给州和市的教育拨款标准,这项措施推动了初等教育入学率的提高,促使学校努力确保学龄儿童都到学校上学。

2011 年巴西还提高了公立学校教师的最低工资标准。根据新标准,以每周 40 课时的新入职高中教师为例,其最低工资由 2010 年录用时的 1024.67 雷亚尔(1 雷亚尔约合人民币 4.1 元)提高到 1187.97 雷亚尔,每周 20 课时的教师最低工资为 593.98 雷亚尔。此外,巴西政府将向不能支付教师最低工资的自治团体提供联邦一级的资金支持。

4. 加强监测提高教育质量

为了改变在巴西盛行的"复读文化",促进教育公平和均衡发展,巴西大力提高教育质量。传统上,巴西学校的课程和教学内容是由各州自行决定的,但经过改革,现在巴西已经制定了初等和中等教育阶段的国家统一课程标准。以小学为例,按规定每年至少要授课 800 小时,教学领域包括:交流与表达(葡萄牙语)、社会学习(历史和地理)、科学(数学、物理和生物)、体育、艺术教育等。

同时,巴西增加了学校的教学时间和授课天数,对小学、中学和大学实施全国范围的评估,并提出为成绩不理想的学生提供与正常教学年相平行的补习班课程,为落后的学生提供辅导机会。

从 2005 年开始,巴西基础教育测评系统每年举行针对公共基础教育的全国性测试,300 多万名四至八年级学生参加考试,考试数据按照学校和区域网络予以公布。这一举措加大了与教育相关的家长、教师、校长及行政官员等各方面的责任,是监测与改善基础教育质量的有效手段。

在高等教育方面,巴西的目标是通过教育提高社会的包容性,扶持那些因经济原因而被排斥在体制之外的有能力、有创造性的年轻人。通过制定地方法规,使偏远地区也能拥有品质良好的高等教育机构,将高等教育作为促进经济与社会发展、提高国家整合与凝聚力的关键因素。为此,巴西联邦政府开展了"联邦大学重组和扩张支持计划"、"国家学生资助计划"和"全体大学计划",加大对高等教育的资金投入,扩大高等教育招生数量,特别是较大幅度地增加低收入阶层学生进入公立大学的数量。

巴西规定,享受国家免税政策的高校都要按比例向所有课程和所有阶段的学生提供奖学金,奖学金的受益者根据全国高中阶段学力考试的结果进行选拔,并且全额奖学金只发给毕业于公立学校、家庭人均收入低于最低标准一倍的学生。

在职业技术教育方面,巴西正在进一步确认恢复和加强职业技术教育体系的建设。巴西在20世纪最初8年里批准的联邦职业技术教育机构的数量,与过去一个世纪相比增长了150%。巴西联邦教育、科学和技术学会提出,重组联邦职业技术教育的模式,要求以促进和加强地方生产建设为原则指导课程设置,刺激和鼓励应用性研究、文化创作、企业家培养及合作性的工作,支持促进创造性工作和增加收入的教育活动,特别是自我教育培训活动。同时,强化职业教育与科学技术的联系,提供优先宣传科学技术的教育扩展计划,培训基础教育特别是物理、化学、生物及数学领域的教师。

巴西政府的教育政策致力于各级各类教育的全面、均衡的发展,同时加大对于低收入阶层的经费扶持力度,以保障教育公平,实现联合国教科文组织提出的全民教育目标,并全面提高国家的整体教育实力。

(二)巴西推进"科教兴国"政策

随着巴西在国际舞台上的崛起,巴西政府看到教育和科技的重要性。巴西教育部高级官员乔治艾尔梅达对记者表示,前总统卢拉执政期间把重点放在加强基础教育、扩大联邦大学和职业学校。这一结果是,巴西在2003年只有53个城市拥有联邦大学和分校,这个数字目前已经扩大到260个城市。罗塞夫总统今年上台执政后,把教育重点放在支持科学和工程技术上,巴西国内各大学纷纷增设外语课程,培养学生的外语能力。

1. 实行《科学无国界计划》

巴西政府于2011年制定了《科学无国界计划》,计划在今后4年内向欧美和亚洲各国派遣10万多名攻读科技的留学生。在政府派遣的10多万名出国留学生中,7.5万名留学生的奖学金将由政府提供,其他2.6万名留学生的奖学金由企业资助。这些学生出国留学攻读的不是文科,而是数学、物理、生物和化学等理工科,他们的留学目标国是美国、英国、法国、意大利、德国、中国、韩国、印度和日本等国。为帮助巴西学生顺利通过出国外语考试和申报奖学金,巴西各大学从今年夏季开始举办了各种外语速成班,为学生出国留学铺平道路。这一政策将为巴西培养并储备人才,推动巴西高水平人才培养的国际化。

2. 巴西与中国的高校合作

为推动中国与拉美国家高等教育的合作与交流,中国国家留学基金管理委员会与巴西高等教育人员促进会共同主办的"中国巴西高校合作对话会"于 2012 年 3 月 26 日在清华大学召开。43 所中国高校与 20 所巴西高校的相关负责人出席了会议。

本次对话会的主要目的是为进一步落实中国政府于 2010 年颁布的《留学中国计划》,推动巴西政府制定的《科学无国界计划》的实施,加快中围高等教育的国际化进程,加强中巴双方高校间人员的交流,增进两国学生的相互了解,促进中巴双方在人才培养与科研领域的合作。

2021 年 10 月,中国农业大学与圣保罗大学签署了合作办学协议,共建联合学院。